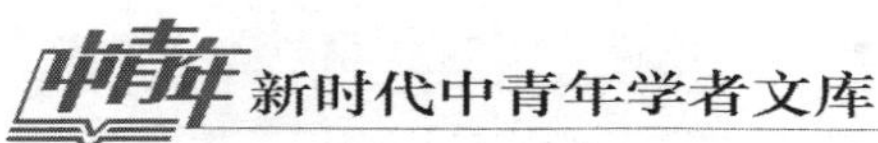

企业循环经济模式研究：理论、方法及案例

谢海燕　著

中国财经出版传媒集团
中国财政经济出版社

图书在版编目（CIP）数据

企业循环经济模式研究：理论、方法及案例／谢海燕著. -- 北京：中国财政经济出版社，2019. 11
（新时代中青年学者文库）
ISBN 978 - 7 - 5095 - 9490 - 2

Ⅰ. ①企…　Ⅱ. ①谢…　Ⅲ. ①企业经济－循环经济－经济模式－研究　Ⅳ. ①F27

中国版本图书馆 CIP 数据核字（2019）第 274158 号

责任编辑：金　宇　　　　责任印制：党　辉
封面设计：卜建辰　　　　责任校对：胡永立

中国财政经济出版社 出版
URL：http：//www. cfeph. cn
E - mail：cfeph @ cfemg. cn

社址：北京市海淀区阜成路甲 28 号　邮政编码：100142
营销中心电话：010 - 88191537
北京财经印刷厂印装　各地新华书店经销
880 × 1230 毫米　32 开　7. 875 印张　200 000 字
2020 年 4 月第 1 版　2020 年 4 月北京第 1 次印刷
定价：59. 00 元
ISBN 978 - 7 - 5095 - 9490 - 2
（图书出现印装问题，本社负责调换）
本社质量投诉电话：010 - 88190744
打击盗版举报热线：010 - 88191661　QQ：2242791300

自序

循环经济理念自20世纪90年代引入我国，受到广泛关注。2005年，国务院发布《关于加快发展循环经济的指导意见》，成为我国推动循环经济发展的纲领性文件。2009年，《中华人民共和国循环经济促进法》正式实施，标志着我国循环经济发展进入法制化轨道。自“十一五”时期以来，国家发展改革委会同有关部门在重点行业、重点领域开展了循环经济试点示范，开展了园区循环化改造、“城市矿产”示范基地建设、餐厨废弃物资源化利用和无害化处理试点，我国循环经济理论与实践均得到蓬勃发展，取得了显著成效，产生了广泛的国际影响，推动了世界循环经济发展。日本于2000年通过了《循环型社会基本法》，自2013年起，每隔5年定期发布《循环型社会形成推进基本计划》。根据日本环境与经济社会状况，每一期均提出新的阶段目标和行动要点。2018年日本发布了《第4期循环型社会形成推进基本计划》计划，力求推动各产业间、各区域间、国内国际的循环，促进环境、经济、社会三个方面融合发展，以落实2015年9月通过的联合国《2030可持续发展目标》和日本“社会5.0”（Society5.0）目标。欧盟吸收借鉴中国、日本等国发展循环经济的经验，整合原有的资源环境政策，于2015年12月正式发布了“循环经济一揽子计划”，将循环经济上升为经济社会发展的重大战略之一，作为欧盟提升竞争力、促进就业、推动经济可持续发展的一种新方式。在“欧盟循环经济一揽子计划”及有关政策的推动下，德国、英国、瑞典、荷兰、丹麦等欧洲国家也出台了本国发展循环经济的新政策。

与世界循环经济发展热潮相比，进入“十三五”时期以来，随着中央生态文明、绿色发展理念的提出和顶层设计制度的出台，我国循环经济发展进入新的历史阶段。总结以往循环经济各类试点示范的成效和经验，明确循环经济发展新的目标和重点领域，推动生态文明建设、实现绿色高质量发展，成为这一时期循环经济发展的新任务。本书即是对我国电力行业循环经济试点经验与成效的深入研究，以电力行业循环经济模式典型案例——天津北疆电水盐联产循环经济模式为例，构建循环经济模式的理论分析框架与费用效益分析方法，深入剖析影响其运行的体制机制问题和政策障碍，并提出改革对策，为研究我国循环经济发展模式案例提供一个参考样本。

本书共分为八章，总体结构如下：

第一章：绿色发展背景下的循环经济。总结循环经济的基本内涵与特征，分析循环经济（循环发展）与生态文明、绿色发展（绿色经济）、低碳发展（低碳经济）等有关概念的区别与联系。总结国内外循环经济发展现状，分析我国循环经济发展存在的问题，研判全球绿色发展形势和循环经济发展趋势，明确新时期我国循环经济发展定位及方向。加强循环经济模式经验总结及成效评价是深化我国循环经济发展的重点方向之一。

第二章：循环经济模式的基本内涵及理论基础。分析循环经济模式的基本内涵和分类。发展循环经济主要有四种基本模式：微观层面的企业模式，区域层面的园区模式，社会层面的废弃物回收利用模式和循环型社会模式，行业模式及跨行业跨产业复合型模式。循环经济模式研究的理论基础包括产业生态学理论、产业集聚理论、费用效益分析理论、外部性理论等。

第三章：天津北疆电水盐联产循环经济模式概况及研究思路。天津北疆电水盐联产循环经济模式由天津国投津能发电有限公司（简称为“天津北疆发电厂”）于 2004 年在项目规划设计阶段提出。电水盐联产循环经济模式涉及的工程项目（一期）

主要包括：2×1 000MW发电机组、20 万立方米/日海水淡化装置、18 万立方米/日淡化水输送工程、30 万立方米加气混凝土工程、配套浓海水制盐工程。一期工程已于 2009 年建成投产。但是，作为该循环经济产业链中的关键环节——海水淡化在运行中却处于亏损状态，大部分产能处于闲置状态。本研究将深入分析电水盐联产循环经济模式的运行情况和面临的体制机制障碍，寻求对策。

第四章：电水盐联产循环经济模式的运行机制。分析天津电水盐联产循环经济模式的基本构成、产业共生关系、企业之间的合作机制、物质流动机理与环境效果等。该模式主要由五个子系统组成：发电、海水淡化、淡化水输送、制盐和固体废弃物综合利用（建材），其他参与者还包括自来水厂（供水企业），使用淡化水的居民和工业企业等。业界习惯将天津北疆电水盐联产循环经济模式称为电力行业发展循环经济的“北疆模式”。实际上，该模式是一个横跨电力、海水淡化、制盐、建材等领域的跨行业循环经济模式，从空间上看是一个虚拟型生态工业园区。

第五章：电水盐联产循环经济模式的费用效益分析。构建循环经济模式的费用效益分析框架和计算方法，并运用该方法分析电水盐联产循环经济模式的费用与效益。针对费用效益分析结果与市场运行情况的差异，进一步分析了电水盐联产循环经济模式的利益分配机制。费用效益分析结果显示，该模式运行的总费用（包括经济成本和外部环境成本）为 55.7 亿元/年，总效益（包括经济效益和环境效益）为 70.1 亿元/年，经济净现值为 14.4 亿元/年，可以增加社会福利，在同类项目（“非联产非循环”的情景）中处于先进水平。

第六章：电水盐联产循环经济模式下的海水淡化与其他供用水方式的综合效益比较分析。全面比较海水淡化、长距离调水、再生水、雨水、地下水等供用水方式的经济成本、环境效益和社会效益，评估海水淡化的可行性，确定海水淡化在众多水源中的发展定位。结果显示：淡化水在水质、用途、环境效益、社会效益方面具有比较优势；到终端用户的价格约为 8 ~9 元/立方米，与南水北调水相当，但高于天津市居民生活用水价格，与工业用水价格相当。

第七章：电水盐联产循环经济模式运行面临的体制机制障碍及改革对策。分析电水盐联产循环经济模式生产实践中遇到的问题及其背后的体制机制原因，总结分析发达国家发展海水淡化的经验，提出推广应用电水盐联产循环经济模式、促进我国海水淡化产业发展的改革对策。主要对策建议包括：一是打破部门障碍。将海水淡化纳入水资源管理体系，参照电网模式，建立区域性水网。二是理顺自来水、淡化水及电力价格形成机制。三是理顺参与电水盐联产循环经济模式各方的利益分配机制。通过相互参股、持股等方式，加强淡化水生产企业、输送企业和自来水供水企业之间的合作。

第八章：结论与展望。与同类项目相比，电水盐联产循环经济模式输入端资源消耗少、生产过程资源高效利用、输出端污染物排放较少，有效解决了浓海水出路问题，可以取得环境与经济的“双赢”，是解决沿海及近海地区水资源危机的重要途径。部门管理体制、价格机制和企业之间的利益分配机制是制约该模式顺利运行的主要障碍。推动循环经济发展要注重完善体制机制，构建有利于循环经济发展的市场环境，使发展循环经济成为企业的自觉行动。

本书主要有以下三个特点：一是初步形成了循环经济模式的理论分析框架。综合运用循环经济学、产业生态学、产业集聚、费用效益分析、外部性等理论，分析了电水盐联产循环经济模式的运行机制、费用效益、制约该模式运行的体制机制问题，提出了完善和推广应用该模式的对策建议。二是构建了循环经济模式的费用效益分析与计算方法。计算了电水盐联产循环经济模式运行的经济成本与经济效益及环境成本与环境效益，拓展了环境费用效益分析的范畴；比较了该模式在同类项目中所处的水平；分析了该模式干系人的利益分配机制，弥补了以往的费用效益分析只考虑社会福利改进情况（效率）而不考虑公平性的不足。三是从经济、环境、社会三方面，对海水淡化与长距离调水、地下水、再生水、雨水、海水直接利用等供用水方式在的综合效益进行了比较研究，进一步明确了我国海水淡化产业的发展定位和发展策略。本研究提出的循环经济模式理论分析框架、费用效益分析与计算方法，可以广泛用于国内其他循环经济典型模式案例分析，定量分析循环经济发展成效，深入剖析存在的问题，以进一步推动我国循环经济全面发展，促进生态文明建设。

本书得到国家重点研发计划“资源循环利用过程精准管理支撑技术与应用示范”（编号：2019YFC1908503）、天津北疆发电厂委托课题“天津北疆发电厂发展循环经济经验总结研究”及“天津北疆发电厂二期工程循环经济模式论证研究”等课题的支持。在研究过程中，有关领导和专家对本书的写作给予了中肯建议，天津国投津能发电有限公司对本书的案例研究提供了支持，中国财政经济出版社对本书的出版提供了大量帮助。谨此一并表示衷心的感谢！

由于作者水平有限，书中难免有错漏不当之处，敬请批评指正。

谢海燕

2020 年 4 月

目录

第一章　绿色发展背景下的循环经济

第一节　循环经济的基本内涵及有关概念界定

一、循环经济的基本内涵

（一）循环经济的定义

循环经济的思想萌芽可追溯到20世纪60年代。1966年，美国经济学家鲍尔丁（K. E. Boulding）提出了“宇宙飞船”经济的概念。他认为，传统经济学将地球看作一个开放的系统和无限的仓库，是一种开放的、充满掠夺的“牛仔经济”。地球就像一艘在浩瀚的宇宙中航行的飞船，资源储备和环境容量均有限，并且相对封闭，必须要建立循环型生产和消费体系，即所谓“宇宙飞船”经济。1990年，英国科学家大卫·皮尔斯（David Pearce）和凯利·图纳（Kelly Turner）在《自然资源与环境经济学》一书中提出了“循环经济”一词，并将其分为自然循环与工业循环两部分。

在国内，循环经济有两个经典定义：一是马凯（2004）认为，循环经济是一种以资源的高效利用和循环利用为核心，以

“减量化、再利用、资源化”为原则，以低消耗、低排放、高效率为基本特征，符合可持续发展理念的经济增长模式，是对“大量生产、大量消费、大量废弃”的传统增长模式的根本变革。二是《中华人民共和国循环经济促进法》对循环经济的定义是：“在生产、流通和消费等过程中进行的减量化、再利用、资源化活动的总称。”减量化是指在生产、流通和消费等过程中减少资源消耗和废弃物产生。再利用是指将废弃物直接作为产品或者经修复、翻新、再制造后继续作为产品使用，或者将废弃物的全部或者部分作为其他产品的部件予以使用。资源化是指将废弃物直接作为原料进行利用或者对废物进行再生利用。

《欧盟循环经济行动计划》（2005）认为，循环经济是一种产品、材料和资源的价值在经济系统中尽可能长时间地保持，并将废物的产生最小化的经济模式。

这些定义从不同的侧面阐述了循环经济的内涵。其中，《中华人民共和国循环经济促进法》对循环经济的定义通俗易懂，便于在实践中操作，本书将以该定义为指导，对相关问题开展分析。

（二）循环经济的3R原则

循环经济的3R原则是指减量化（Reduce）、再利用（Reuse）和资源化（Recycle）。其中，减量化原则属于输入端方法，旨在减少进入生产过程和消费过程的物质量，从源头上节约资源，减少废弃物产生。再利用原则属于过程性方法，旨在提高产品利用效率和服务效率，尽量多次使用产品，或者修复、翻新、再制造后继续使用，延长产品使用周期，防止其过早地成为废弃物。资源化原则属于输出端方法，旨在对废弃物进行回收及合理利用，变废为宝、化害为利，将废弃物最大限度地转化为资源，减少废弃物排放。

减量化、再利用和资源化原则在循环经济中的重要性不是并列的，减量化原则是首要且最为核心的原则。循环经济强调在减少资源消耗和废弃物产生量的基础上对废弃物进行循环利用，其优先顺序是减量化—再利用—资源化。坚持这一点对我国尤为重要。西方发达国家技术先进，其源头和过程减量的潜力较小，因此一般侧重于废弃物的资源化。而我国正处于工业化高速发展阶段，能耗物耗过高，资源浪费严重，输入端和过程减量化的潜力很大，因此要特别重视减量化原则，即资源的高效利用和节约集约使用。发展循环经济应当在技术可行、经济合理和环境友好的前提下，按照减量化优先的原则实施。

（三）循环经济的基本特征

循环经济发展模式是对传统经济发展模式的扬弃。传统经济是一种“资源→产品→污染排放”单向流动的线性经济，依靠大量开采和消耗资源、破坏生态环境来发展经济，以高消耗、低效率、高排放为基本特征。循环经济则是一种“资源→产品→再生资源”的反馈式流程，所有物质在这个不断进行的经济循环过程中得到合理持久的利用，从而尽量降低经济活动对生态环境的影响。如图 1－1 和图 1－2 所示。

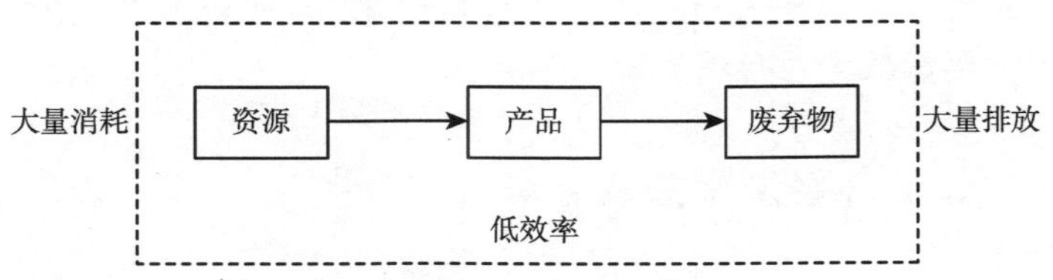

图 1－1　传统线性增长模式示意图

资料来源：我国循环经济发展战略研究课题组，2005 年。

与传统经济相比，循环经济具有以下特点：一是非线性。循环经济将传统的线性经济开式系统转变为非线性闭环式系统，改

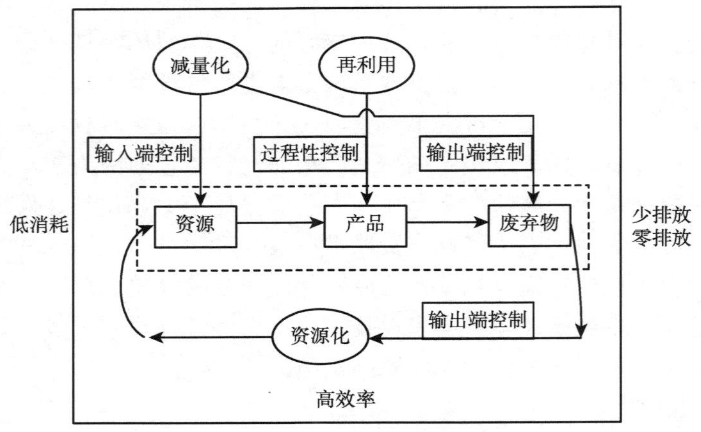

图 1－2 循环经济增长模式示意图

资料来源：我国循环经济发展战略研究课题组，2005 年。

变了传统的生产方式和生活方式。它要求综合考虑经济效益、环境效益和社会效益，促进资源节约和环境保护，实现经济、社会与自然生态系统的和谐共存。二是环境友好性。循环经济以物质在经济系统中的循环利用为基础，资源利用效率高，排放到环境中的废弃物少。三是服务优先性。循环经济是功能型经济，从生产优先转变为服务优先，要求“减物质化”，即在生产和消费过程中，尽量减少对自然资源的消耗。

二、循环经济相关概念辨析

（一）可持续发展

1987 年，世界环境与发展委员会出版《我们共同的未来》报告，将可持续发展定义为：“既能满足当代人的需要，又不对后代人满足其需要的能力构成危害的发展。”这一定义在 1992 年联合国环境与可持续发展大会上取得共识。可持续发展遵循三大基本原则：一是公平性原则，即本代人之间的公平、代际间的公平和资源分配与利用的公平；二是持续性原则，即人类经济和社会的发展不能超越资源和环境的承载能力；三是共同性原则，各国可持续发展的模式虽然不同，但公平性和持续性原则是共同的。地球的整体性和相互依存性决定全球必须联合起来，认知我们的家园。

（二）生态文明

生态文明是对工业文明进行深刻反思并且扬弃的结果，是工业文明发展到一定阶段的产物，是建立在经济增长、社会发展与资源环境相协调基础上的人与自然和谐相处的一种高级文明形态。党的十七大报告首次提出要“建设生态文明，基本形成节约能源资源和保护生态环境的产业结构、增长方式、消费模式。循环经济形成较大规模，可再生能源比重显著上升。主要污染物排放得到有效控制，生态环境质量明显改善。生态文明观念在全社会牢固树立。”党的十八大报告提出要“把生态文明建设放在突出地位，融入经济建设、政治建设、文化建设、社会建设各方面和全过程，努力建设美丽中国，实现中华民族永续发展”，形成了中国特色社会主义事业“五位一体”总体布局。党的十九大报告提出“建设生态文明是中华民族永续发展的千年大计。必须树立和践行绿水青山就是金山银山的理念，坚持节约资源和保护环境的基本国策，像对待生命一样对待生态环境，统筹山水林田湖草系统治理，实行最严格的生态环境保护制度，形成绿色发展方式和生活方式，坚定走生产发展、生活富裕、生态良好的文明发展道路，建设美丽中国，为人民创造良好生产生活环境，为全球生态安全作出贡献。”

（三）绿色发展、低碳发展、循环发展

狭义上讲，绿色发展是以奉行环境友好型的生产方式和生活

方式为核心的发展理念和模式，重点是解决发展中产生的环境污染和生态损坏等问题；循环发展是以循环经济为核心的经济社会发展理念和模式，是以奉行资源节约型、环境友好型生产方式和生活方式为特征的发展方式，重点是解决资源永续利用和资源消耗引起的环境污染问题；低碳发展是以低碳排放为核心的发展理念和模式，重点是解决能源可持续和能源消费引起的气候变化等环境问题。从广义上讲，绿色发展涵盖了循环发展和低碳发展，“绿色发展”一词单独使用时可以看作是绿色、循环、低碳发展的简称。三个发展本质是一致的，都是追求经济增长与资源环境相协调。党的十八届五中全会提出，要“牢固树立创新、协调、绿色、开放、共享的发展理念”，强调必须坚持节约资源和保护环境的基本国策，坚定走生产发展、生活富裕、生态良好的文明发展道路，推进美丽中国建设。

综上所述，生态文明、绿色发展与可持续发展理念一脉相承，是中国结合自身国情，对可持续发展理念的有益探索和具体实践。“生态文明”“绿色发展”等理念和词汇已被纳入联合国文件，是中国智慧对全球治理的贡献。发展循环经济，推动企业循环式生产、产业循环式组合、园区循环化改造，提升资源循环利用水平，有利于构筑我国资源战略保障体系，提高经济发展的质量和效益，是推进生态文明建设、实现经济绿色转型的基本途径和必由之路。

第二节　国际绿色发展背景下的循环经济发展概况

一、绿色发展成为世界潮流

自工业革命以来，随着发达国家经济的快速发展，环境污染

问题引起了全球广泛关注。环境保护与经济发展的关系经历了从“只重视经济发展、忽视环境保护”“环境保护与经济发展‘两张皮’”向“环境保护与经济融合发展”的转变，绿色发展成为世界经济秩序重构和全球环境治理的重要手段。

2008 年国际金融危机爆发后，为了促进世界经济经济复苏和升级，联合国环境规划署启动了“全球绿色新政及绿色经济计划”，2009 年发布了《全球绿色新政：政策简报》，2011 年发布了《迈向绿色经济——实现可持续发展和消除贫困的各种途径报告》，认为绿色经济是全球经济增长的新引擎和就业机会的新来源，是实现可持续发展、消除长期贫困的重要战略，并倡导世界各国推动经济向能源节约、环境友好、可持续的“绿色经济”增长模式转变（曾凡银，2018）。在国际社会推动绿色发展的背景下，世界各国纷纷出台实施本国的绿色发展新政。2007 年，日本出台《21 世纪环境立国战略》和《环境与循环型社会白皮书》，随后还发布了《绿色经济与社会变革》政策草案。2008 年，韩国提出了《绿色增长国家战略及五年计划》。2009 年，欧盟宣布拿出资金支持各成员国推行“绿色经济计划”。同年，英国发布了《英国低碳转型计划》，将低碳转型上升为英国的国家战略，并出台了《英国可再生能源战略》《英国低碳工业战略》和《低碳交通战略》等配套文件。2010 年，法国先后公布了《绿色法案》和《2010—2013 年国家可持续发展战略》（莫神星，2011）。

2015 年 9 月，联合国可持续发展峰会于纽约通过《改变我们的世界：2030 年可持续发展议程》，包括 17 项可持续发展目标和 169 项具体目标，旨在推动世界在今后 15 年内实现 3 个史无前例的非凡创举——消除极端贫穷、战胜不平等和不公正以及遏制气候变化，为世界各国提出了未来可持续发展的道路和方向（李慧明，2016）。2015 年 12 月，巴黎气候变化大会上通过了《巴黎协定》，为 2020 年后全球应对气候变化行动作出安排，其主要目标是将21世纪全球平均气温上升幅度控制在2摄氏度以内，并将全球气温上升控制在前工业化时期水平之上1.5摄氏度以内。2018年12月，为了进一步全面推动落实气候变化《巴黎协定》，在波兰举行的联合国卡托维兹气候变化会议通过了《巴黎协定》实施细则。《巴黎协定》及其实施细则的通过，标志着全球气候治理步入了一个新的历史阶段，为全球绿色发展潮流注入了更强的新动力（刘燕华、王文涛，2019）。

二、循环经济成为世界各国推动绿色发展的重要手段

国外特别是欧洲国家为了占领绿色发展的制高点，强化了循环经济的研究与实践，在理论研究、政策创新、企业实践等方面取得了一系列重要成果。

发达国家早期的循环经济以固体废弃物管理为主，目前已逐步向产品全生命周期管理及经济、环境、社会融合发展方向转变。如德国早在1994年就通过了《促进循环经济和确保合乎环境承受能力废弃物清除法》，并于2012年进行修订。日本于2000年通过了《循环型社会基本法》，随后还制定了一系列配套法规。自2013年起，日本每隔5年定期发布《循环型社会形成推进基本计划》，根据日本环境与经济社会状况，每一期均提出新的阶段目标和行动要点。第1期计划（2013年发布）、第2期计划（2008年发布）主要着眼于削减废弃物数量；第3期计划（2013年发布）更加关注“循环的质量”；第4期计划（2018年发布）力求对环境、经济、社会三个方面进行整合，推动各产业间、各区域间、国内国际的循环，以落实2015年9月通过的联合国《2030可持续发展目标》和日本“社会5.0”（Society5.0）目标（杭正芳、徐波，2019）。

近年来，欧盟吸收借鉴包括中国、日本在内的世界各国循环

经济发展经验及理论研究成果，在整合欧盟原有废物管理和资源管理政策的基础上，于 2015 年 12 月正式发布了“循环经济一揽子计划”。该计划包括四项废物管理立法修正建议和一个完整的行动计划——《循环经济行动计划》（Closing the loop - An EU action plan for the Circular Economy）及后续行动清单；覆盖生产、消费、废物管理、变废物为资源的产品生命周期四个环节，并设定了塑料、食物垃圾、关键原材料、建筑及拆除、生物产品五个优先发展领域和行动时间表。欧盟发展循环经济已不再局限于以废物管理为核心的环境政策，而是汇聚了不同领域的政策要求，将循环经济作为欧盟提升竞争力、促进就业、推动经济可持续发展的一种新方式（张越、唐旭，2017）。2018 年 1 月，欧盟委员会宣布在欧盟范围内实施首个针对塑料制品的战略，即《欧洲塑料战略》，作为迈向更加循环经济的一项重要举措。同时，欧盟将循环经济作为欧盟和中国的重要政治优先事项，双方已于 2018 年 7 月签署了循环经济合作谅解备忘录，下一步将借鉴欧盟实施“循环经济行动计划”和“欧盟塑料战略”的经验，进一步加快双边合作，支持全球向资源效率和循环经济模式转型。自 2015 年欧盟发布“循环经济一揽子计划”以来，有关工作有序推进。2019 年欧盟发布的《〈循环经济行动计划〉实施情况的综合报告》显示，该计划下的所有 54 项行动均已取得成果或正在实施，对欧盟经济发展和促进就业发挥了积极作用。在欧盟循环经济一揽子计划及有关政策的推动下，德国、英国、瑞典、荷兰、丹麦等欧洲国家也出台了本国发展循环经济的新政策。

一些国际组织和大公司在循环经济发展方面起到了显著的推动作用。总部位于英国的艾伦·麦克阿瑟基金（Ellen MacArthur Foundation）致力于研究和传播循环经济、开展循环经济政策咨询，在欧美新一波循环经济运动中发挥了重要作用。在理论研究方面，该基金会整合了全球各路循环经济流派的思想，并形成新的整体性框架。在实践探索方面，2013 年该基金会推动在世界经济论坛内成立了高等级的循环经济全球议程委员会，发起了循环经济企业 100 强活动；2018 年该基金会与联合国环境规划署联合发起“新塑料经济全球承诺书”行动倡议，吸引了 290 多家关键组织及知名企业参与，鼓励大家从源头减少塑料消费，实现更可持续的循环塑料经济。此外，麦肯锡、埃森哲等国际咨询公司也开展了循环经济方面的研究。2015 年 9 月，麦肯锡公司发布题为《增长：一个有竞争力的欧洲的循环经济愿景》（Growth within：a Circular Economy Vision For a Competitive Europe）的报告，系统分析了欧洲循环经济发展情况，研究了欧洲循环经济发展的演变轨迹，并对欧洲的消费和能耗情况进行了深入研究。埃森哲咨询公司提出了循环型企业的五种类型，其中产品服务系统和基于互联网平台的分享经济正在成为循环型企业发展的新前沿（诸大建，2017）。

第三节　我国循环经济发展现状

一、我国发展循环经济的历程

我国循环经济发展大致可以分为三个阶段：

第一阶段，20 世纪 90 年代末至 2003 年。在原有资源综合利用、清洁生产等理论的研究与实践基础上，我国开始引入发达国家的循环经济理念。原国家环保总局是这个阶段我国循环经济工作的主管部门，在部分省、市、自治区开展了循环经济的试点工作，全国掀起了研究循环经济的热潮。

第二个阶段，2004 年至 2014 年。2004 年，我国循环经济工作的有关职能调整到国家发展改革委。同年，全国循环经济工作会议召开。2005 年，国务院发布《关于加快发展循环经济的指导意见》，成为我国推动循环经济发展的纲领性文件。2009 年，

《中华人民共和国循环经济促进法》正式实施，标志着我国循环经济发展进入法制化轨道。这个阶段，国家发展改革委会同有关部门在重点行业、重点领域开展了循环经济试点示范，开展了园区循环化改造、“城市矿产”示范基地建设、餐厨废弃物资源化利用和无害化处理试点，我国循环经济蓬勃发展。

第三个阶段，2015 年至今。“十三五”时期以来，随着中央生态文明、绿色发展理念的提出和顶层设计制度的出台，循环经济发展进入新的历史阶段。这一时期，除继续开展园区循环化改造工作以外，还开展了生产者责任延伸制度试点，研究完善“限塑令”政策。总结以往循环经济各类试点示范的经验，明确发展循环经济的新目标和重点领域，推动生态文明建设、实现绿色高质量发展，成为这一时期发展循环经济的新任务。

二、我国发展循环经济的主要做法

（一）出台了循环经济法规及一系列配套规划和政策

2009 年，在借鉴德国、日本等发达国家循环经济法律法规的基础上，结合我国国情，出台了《中华人民共和国循环经济促进法》。依据该法律，国务院颁布了《废弃电器电子产品回收处理管理条例》，制定了循环经济“十二五”规划（国务院正式发布名称为《循环经济发展战略及近期行动计划》）和”循环经济“十三五”规划（正式发布名称为《循环发展引领行动》）。同时，还制定了一系列促进循环经济发展的财政、税收、价格、科技和产业政策。

（二）在生产领域，开展了重点行业循环经济试点、园区循环化改造和生产者延伸试点

“十一五”期间，有关部门选择了钢铁、有色、化工、电

力、建材等重点行业的部分企业，以及不同类型的产业园区，开展了循环经济试点，目的是探索循环经济发展模式，推动建立资源循环利用机制。“十二五”“十三五”期间，有关部门开展了园区循环化改造示范，推进现有各类园区优化空间布局，推动企业间副产品和废弃物的交换利用，合理延伸产业链，形成产业共生模式，促进基础设施和公共服务的共建共享，提高资源利用效率和减少污染物排放，不断增强园区绿色发展水平。“十三五”期间，有关部门组织开展了电器电子、汽车、铅酸蓄电池和包装物等4类产品的实施生产者责任延伸制度试点。

（三）在废弃物回收利用领域，开展了“城市矿产”示范基地建设和资源循环利用基地建设

自2010年开始，有关部门在全国选择了约50家基础条件较好的再生资源园区和集聚区，开展了“城市矿产”示范基地建设，推动报废机电设备、电线电缆、家电、汽车等重点“城市矿产”资源循环利用，促进构建规范化的再生资源回收体系，提升“城市矿产”资源开发利用技术水平，构建我国资源安全保障体系。“十三五”期间，有关部门在全国范围内布局建设了50个左右资源循环利用基地，推动城市生活垃圾、建筑垃圾、生活污水处理厂污泥、医疗垃圾、危险废物等废弃物集中协同处置，探索因地制宜的废弃物处理模式，切实为城市绿色循环发展提供保障。

（四）在生活领域，开展了餐厨废弃物资源化利用和无害化处理试点示范

2010年，国务院办公厅发布《关于加强地沟油整治和餐厨废弃物管理的意见》（国办发〔2010〕36号），要求各地、各部门开展“地沟油”专项整治，加强餐厨废弃物管理，切实保障食品安全和人民群众身体健康。随后，有关部门启动了餐厨废弃

物资源化利用和无害化处理城市试点工作。“十二五”期间，全国共确定了100家餐厨废弃物资源化利用和无害化处理试点城市（区），覆盖东中西部地区、大中小城市。试点城市从组织机构建立、法规政策和监管体系建设、收运体系建设、资源化利用和无害化处理技术路线探索和项目建设、加强宣传教育等方面开展了试点探索工作。

三、我国发展循环经济取得的主要成效

（一）重点行业和领域的循环经济发展模式基本形成，促进了产业绿色转型

我国在重点行业、园区、“互联网+再生资源回收利用”等领域，探索形成了具有中国特色循环经济模式，有力地推动了我国产业绿色转型升级，在国际上产生了良好的声誉和影响。一是通过在重点行业开展试点示范、园区循环化改造等措施，我国在钢铁、煤炭、化工、有色、建材等生产领域形成了行业内部的循环经济模式和跨行业、跨产业的循环经济模式，促进了行业绿色转型，主要行业的资源利用效率和污染物排放强度大幅降低。二是采取园区循环化改造、生态工业园区建设、绿色园区建设、低碳园区建设等各类方式，持续推动园区层面循环经济发展，形成了以“空间布局合理化、产业结构最优化、产业链接循环化、资源利用高效化、污染治理集中化、基础设施绿色化、运行管理规范化”为核心的园区循环化改造模式。三是部分企业利用互联网等现代信息技术，形成了“互联网+再生资源回收”的新型回收模式。通过建立便捷高效的再生资源回收交易服务平台，开展信息采集、数据分析、流向监控，逐步整合物流资源，优化回收网点布局，使供需双方能够快速获得信息匹配，完善再生资源回收体系，推动再生资源交易从线下向线上与线下结合转型升级，

促进了行业模式创新。

（二）提高了资源利用效率和循环利用水平，助力构建资源安全保障体系

通过在重点行业推行循环经济模式、推动再生资源回收利用和园区循环化改造等措施，促进了资源利用效率大幅提升，替代了部分原生资源，有利于构建我国资源安全保障体系。一是园区资源利用效率大幅提升。部分循环经济示范试点园区通过延伸产业链条，提高副产物、废弃物资源化利用水平；通过节能降耗改造，提高资源能源利用效率；通过推进余热余压利用、水的梯级利用和分质利用、物质交换利用，提高园区整体资源利用效率，使园区资源能源产出效率有了大幅度提升，成为推动园区高质量发展的关键。二是再生资源回收利用和工业固废综合利用替代了对原生资源的部分需求，有利于缓解我国资源紧张的局面。根据《中国再生资源回收行业发展报告 2018》，2017 年我国废钢铁、废有色金属、废塑料、废纸、废轮胎、废弃电器电子产品、报废机动车、废旧纺织品、废玻璃、废电池（铅酸除外）十大类再生资源回收量为 2.82 亿吨，根据《中国统计年鉴 2018》，2017 年我国一般工业固体废物综合利用量为 18.12 亿吨，变废为宝，节约了大量原生资源。

（三）促进了污染物治理与减排，助力打赢污染攻坚战

“十三五”时期以来，国家有关部门将发展循环经济与国家重大区域战略结合起来，在安排循环经济示范试点单位和中央财政资金支持时，重点支持长江经济带、京津冀周边地区循环经济发展，通过园区循环化改造、“城市矿产”基地建设、餐厨废弃物资源化利用和无害化处置示范试点、再生资源回收利用等措施，有力地促进了污染物治理与减排，成为生态文明建设的亮点。一是通过园区循环化改造，共建共享园区环保基础设施，推动废弃物

资源化利用，有力地促进了园区污染物减排，提升了园区环境保护水平。二是通过“城市矿产”基地建设，整治了基地及周边的环境，改变了部分再生资源集聚区小、散、乱、差，污染物随意排放的局面。三是通过餐厨废弃物资源化利用和无害化处理试点工作的开展，规范了餐饮企业餐厨废弃物排放行为，减少了餐厨废弃物不规范排放对城市环境的污染，改善了城市市容环境卫生，促进了餐厨废弃物资源化利用。四是再生资源回收利用，不但有利于节约原生资源和能源，还具有显著的环境效益。2017 年我国十大类再生资源回收量为 2.82 亿吨，据初步估算，与使用原生资源相比，相当于节约 2.4 亿吨标煤，减少二氧化碳排放 5.9 亿吨，减少二氧化硫 668 万吨，减少废水排放 101.6 亿吨。

（四）取得了明显的社会效益，带动了就业，保障民生安全

发展循环经济具有显著的社会效益，有利于促进就业。据统计，2017 年我国再生资源回收利用、大宗工业固废综合利用、餐厨废弃物处置等资源循环利用产业吸纳就业人口 2 000 多万。此外，餐厨废弃物资源化利用和无害化处置试点城市通过建立规范化的餐厨废弃物收运处置体系，大力打击非法收运，疏堵结合，实现了餐厨废弃物的安全处理，从源头上遏制了餐厨废弃物直接饲养禽畜、加工提炼成“地沟油”流入公众餐桌等违法行为，特别是 2018 年以来试点城市结合餐厨废弃物规范化处置有效防范了非洲猪瘟的扩散，保障了人民群众食品安全和健康。如铜陵市开展了餐厨废弃物集中整治专项行动，严厉打击餐厨废弃物非法收运行为，对相关企业和个人予以教育、警告，必要时采取行政处罚措施。为配合做好禁止泔水养猪专项整治活动，重点加大了对非法从事泔水收运行为的打击力度，并保持高压态势，使餐厨废弃物专项整治范围由点到面，迅速扩大，取得了良好的成效。武汉市在 2018 年预防非洲猪瘟期间，加大了餐厨废弃物

非法收运整治力度，通过各方共同努力，餐厨废弃物私收滥运行为得到有效遏制，彻底阻断了餐厨废弃物进入养殖系统的途径。

（五）资源循环利用产业形成规模，培育了新的经济增长点

通过发展循环经济，形成了再生资源回收利用、工业固废综合利用、废水循环利用、余热余压综合利用、餐厨废弃物资源化利用和无害化处置等资源循环利用产业，初步形成了完整的产业链条，促进产业集聚发展和规模化发展。据统计，2017 年我国资源循环利用产业产值达到 3 万亿元，成为我国经济发展的一个重要的新经济增长点。以“城市矿产”示范基地为例，部分示范基地构建了从回收、分选、深度加工、高值化利用以及无害化处理的完整产业链条。各企业在产业环节上互相衔接，上游拆解企业所生产的产品，为中下游深加工企业提供充足的原材料；加工利用中产生的废水、废气和固废实行集中处理，提高产业集聚效益。如湖北谷城“城市矿产”示范基地利用废旧钢铁重新熔炼，制作成制动鼓、支架、桥壳等 60 多种汽车零部件，形成了以废钢铁资源为原料的汽车零部件产业集群，企业废钢铁资源利用率达到 100%。目前，园区汽车配件行业年循环利用废旧金属 65 万吨以上，实现从废旧钢铁到汽车零部件等铸造件的高值利用。园区再生铅、再生铝、再生钢铁、再生塑料四大产业链形成的工业增加值占到全县工业增加值的 70% 以上。

四、我国发展循环经济存在的问题

（一）系统推进循环经济发展的政策合力不足

自“十一五”推动循环经济发展以来，我国循环经济政策法规框架体系基本建立，但仍存在不少问题，政策合力不足。生

态、绿色、环保、循环经济等领域的政策存在交叉重合，各自为政，一些领域存在重复建设问题。循环经济政策顶层设计不足，尚未按照生产、生活、废弃物管理、变废物为资源的全生命周期管理理念来进行管理，涉及产品的有关政策尚未开展全面评估，部分政策存在冲突，部分政策缺失，部分政策不符合循环经济的要求，政策之间的协调性有待提高。

（二）循环经济科技支撑能力有待加强

科技创新是发展循环经济的关键和核心。目前大部分企业自主研发能力较弱，部分循环经济关键节点技术研发滞后，制约了对废弃物的资源化利用及产业链的有效延伸。同时，循环经济科技创新需要大量资金投入，我国“十三五”期间取消了循环经济专项资金，对相关项目的科技创新和示范应用支持力度大幅降低，不利于进一步推动我国循环经济发展。与之相比较，欧盟为了加快向循环经济转型，大幅增加了对循环经济创新和产业调整的资金支持力度，在 2016～2020 年期间共投入的公共资金总额预计超过 100 亿欧元。

（三）市场主体及公众参与不足

我国推动循环经济注重自上而下，中央政府和地方政府在发展循环经济中发挥着主导作用，但利益相关者参与循环经济的积极性不足，如在推动企业创新循环经济商业模式、调动中小企业参与发展循环经济，以及鼓励公众绿色消费、践行绿色生活方式方面仍需要加强，政策不完善、参与渠道不畅通是主因。

（四）循环经济统计评价体系不健全

对循环经济发展成效进行评价一直是我国推动循环经济工作的重要方面。国家发展改革委会同国家统计局等部门于 2007 年和 2017 年先后发布了两版循环经济指标体系，但仍有改进空间，难以全面评估循环经济成效。鉴于发展循环经济是一个系统工程，难以用单一指标进行衡量，也难以完全定量衡量，借鉴欧盟经验，建立一套“定性+定量”相结合的评估框架十分必要。

（五）循环经济有关基础研究滞后

与欧盟、日本等发达国家和地区相比，我国发展循环经济的相关基础研究还显得十分薄弱，许多工作的推进建立在定性研究和经验积累的基础上，采取开展试点示范的方式逐步推开，缺乏国家及区域层面系统全面的物质流分析、资源消耗及固废流向分析，对各类资源的循环利用情况缺少系统、连续、完整的数据支撑，不利于科学确定我国循环经济发展的重点领域。

第四节　新时期我国发展循环经济的定位及重点

一、循环经济是推动绿色发展、加强生态文明建设的重要途径

在国际绿色发展潮流下，循环经济作为实现绿色发展的重要途径，越来越受到各国重视，日本一直坚持持续建设循环型社会，欧盟将发展循环经济作为其推动经济转型、促进就业的重大战略。而我国2005年就出台了《国务院关于加快循环经济发展的若干意见》，2009年开始实施《中华人民共和国循环经济促进法》，发展循环经济有力地促进了我国资源节约和污染物减排，推动了经济向绿色高质量发展转型。“十四五”期间，我国经济仍将处于高质量发展阶段，资源环境约束趋紧的基本局面没有改变，绿色发展的必要性和紧迫性更加突显。无论从国际绿色发展趋势，还是国内经济社会发展形势及循环经济取得的成效来看，

我国都应该保持战略定力，将循环经济作为推动绿色发展、加强生态文明建设的重要途径，坚持不懈地推动循环经济发展。

二、提高资源利用效率、减少污染物排放是核心

（一）提高生产过程资源利用效率

鉴于我国工业资源效率依然不高、污染物排放量仍然较大等现状，建议继续将工业领域作为我国发展循环经济的重中之重，提升重点行业资源效率。出台我国生态设计法规产品提出强制性的产品生态设计和标记要求，以使拆卸、再利用和回收电子显示器（如平板电脑或电视屏幕）更容易、更安全。从而促进电器电子产品的可修复性、可升级性、耐久性和可回收性；制定生态设计指南，开展生态设计试点，引导企业开展生态设计。按照循环经济的要求审查现有各种产品政策，制定更为一致的政策框架和标准，促进循环经济发展。改进生产过程，提高资源利用效率和减少废物产生，如将能源消耗和材料使用、废物预防、回收和减少危险化学品等循环经济要求，作为产业环境准入的标准，严禁发展高消耗、低效率、高排放的产业。在推动产业绿色转型升级方面，我国一直将园区循环化改造作为重要载体，取得了显著成效，但近年来由于各种原因暂停了有关工作，建议“十四五”期间继续以园区循环化改造为重点，提升园区资源环境绩效。

（二）培育绿色生活方式

绿色消费可以带动促进绿色生产，同时可以降低我国日益增加的家庭生活垃圾产生量。在引导绿色消费方面，消费者获取绿色产品的信息渠道有限，我国绿色产品标志依然不完善，宣传和经济激励措施不到位。“十四五”期间，应继续完善绿色产品标准体系，加快制订修订相关标准，加大相关标识认证制度实施力

度，提升绿色产品标识公众认可度。加快畅通绿色产品流通渠道，鼓励建立绿色批发市场、绿色商场、绿色超市、绿色电商等绿色流通主体，支持商场、超市等流通企业在显著位置开设绿色产品销售专区。完善促进绿色产品消费的财政补贴政策，探索实行绿色消费积分制度，绿色消费积分可兑换热销商品、代金券、现金红包和礼品等，以此调动广大市民践行绿色生活方式的积极性。结合全国各城市开展的生活垃圾分类工作和农村人居环境建设，持续推动生活垃圾分类，出台配套政策，理顺相关利益分配机制。引导共享经济发展，推动从消费产品向消费服务转变方面，从源头减少资源消耗和污染物产生量。

（三）推动战略性资源回收利用

欧盟高度重视战略性资源的供给安全，将其与发展循环经济密切结合起来，推动从各类产品及废弃物中回收利用战略性资源。实际上，根据欧盟的有关研究报告，中国是其战略性资源的主要出口国。近年来，我国对战略性资源较为重视，已经限制部分关键战略性资源出口，但对这些资源的循环利用重视程度不足。而我国发展循环经济，推动资源循环利用，大部分还处于较低层次的循环利用水平，尚未将发展循环经济作为提取和储备我国战略性资源的重要手段。根据欧盟《战略性资源与循环经济报告》，战略性资源主要来源于采矿（采矿废物）、垃圾填埋场、电气电子设备、电池、汽车零部件、可再生能源设备组件、国防工业装备、化学品和肥料。从上述产品及废物中，提取关键原材料仍存在诸多制约。我国也应开展相关研究工作，明确我国战略性资源循环利用的来源渠道，布局建设一批战略储备重大项目，以及通过制定再生原料和再生产品的质量标准、立法规定产品中必须包含一定比例的再生原料等措施，推动战略性资源循环利用，进一步提升我国资源安全保障。

（四）加强城市废弃物全生命周期管理

进一步明确废物处置的优先顺序为预防产生、再利用、再循环、能源回收、填埋，设定明确的回收利用目标，加强全生命周期管理，切实推动废弃物减量化、资源化和无害化处置。“十二五”“十三五”期间，我国开展了餐厨废弃物资源化及无害化处置城市试点，主要针对的是餐饮企业、单位食堂的餐厨废弃物，尚未包括家庭厨余垃圾，也未涉及粮食生产和食品工业，下一步应扩展到避免食物浪费、食物垃圾减量、食物垃圾处置及食物垃圾生产的产品推广应用等全产业链条和全生命周期，从节流的角度提升巩固我国粮食安全保障。结合“无废城市”建设，推动工业废弃物、农业废弃物、生活垃圾、建筑废弃物等废弃物综合管理，建立现代化的废弃物管理体系。结合生活垃圾分类，提前研究回收设施与处置利用设施的能力匹配与布局问题，合理建设生活垃圾焚烧设施，逐步减少垃圾最终填埋量，避免环保处置设施产能过剩。

三、完善支撑保障体系是关键

（一）理顺循环经济相关法规政策，形成政策合力

修订《中华人民共和国循环经济促进法》，充分吸收近十年国内外循环经济理论与实践成果，完善立法理念、立法框架、执法主体及生产者责任延伸等制度，增强法律的约束性和可操作性。以生态文明建设为统领，将绿色发展、可持续发展、应对气候变化、循环经济等有关政策统一整合起来，明确部分责任分工，提高政策协调性，形成政策合力。充分考虑企业发展循环经济带来的社会成本与社会效益，对企业发展循环经济给予合理的支持，积极发挥投资、财政、税收、金融、价格等政策工具的组

合效果，建立和完善适合我国发展阶段和产业特点的循环经济发展政策促进体系。

（二）加强循环经济关键技术研发，提高科技支撑能力

继续将循环经济作为财政支持的重点领域，加强对循环经济科技研发和产业创新的支持。加快减量化、再制造、工业固废综合利用、再生资源回收利用、城镇生活垃圾资源化、产业共生与循环链接等关键技术、工艺和设备的研发制造。加强产学研深度融合，以企业为主体开展技术创新，构建固废减量化、收集、转运、循环利用及末端处置全过程的综合减控技术体系和系统性解决方法，推动资源循环利用和固废污染综合减控。健全循环经济技术、装备的遴选及推广机制，提高循环经济科技支撑能力。

（三）激发内生动力，构建政府、企业、社会多方参与的循环经济发展格局

只有让发展循环经济的企业获得适当的经济收益才能确保循环经济持续发展，可通过资金支持、税收优惠、商业模式创新、最佳实践案例分享、表彰奖励等方式，激发企业内生动力，调动企业参与发展循环经济的积极性。搭建公共平台，构建国家循环经济门户网站建立全国性、区域性、行业性及园区层面的废物交换信息系统，吸引中小企业、行业协会、科研机构、公众广泛参与，共推循环经济发展。加强国际合作，充分吸收循环经济国际先进经验和先进技术，吸引国际组织、跨国企业及全球投资者参与我国循环经济发展。

（四）加强循环经济进展监测与成效评价，为科学决策提供支撑

将循环经济进展监测与成效评价作为调整和完善循环经济有关工作的重要手段。借鉴欧盟和日本等地区和国家的经验，完善

我国循环经济发展评价指标体系，要求既能体现循环经济发展成效，也能体现循环经济工作进展，如增加体现再生原料对原材料需求的贡献度的指标、体现循环经济竞争力和创新的指标以及绿色公共采购等指标。加强国家及地区物质流、产品及废物全生命周期、各类战略性资源循环利用等方面的定量研究，为循环经济统计评价提供数据支撑，促进科学决策。

第二章　循环经济模式的基本内涵及理论基础

第一节　循环经济模式的基本内涵及分类

一、循环经济模式的基本内涵

模式是指某种事物的标准形式或者使人可以照着做的标准样式。它是研究自然或社会现象的理论图式和解释方案，是从不断重复出现的事件中抽象出来的一种思想体系和思维方式，是解决某一类问题的方法论。模式是现实世界部分化、序列化、简单化和抽象化的代表（冯之浚、刘燕华等，2008）。

循环经济模式是人们在发展循环经济的长期实践中总结和抽象出来的推动循环经济发展的行为规范和运行标准。它是一个企业、区域或国家发展循环经济的一切活动的基本方向和着力点，是协调经济系统、环境系统、社会系统内部及系统之间关系的实践途径（李伟，2009）。

二、循环经济模式的分类

发达国家在实践中形成了发展循环经济的四种基本模式，即

微观层面的企业模式、区域层面的园区模式、社会层面的废弃物回收利用模式和循环型社会模式。我国进一步探索丰富了循环经济的实现形式，在四种基本模式的基础上，还形成了行业模式和跨行业、跨产业复合型模式。

（一）企业模式

在企业内部实行清洁生产，组织各工艺之间的物质循环，延长生产链条，减少生产过程中资源和能源的消耗量，减少废弃物的产生量和排放量，提高产品的耐用性等。早期的典型代表如美国杜邦公司。我国钢铁、有色金属、煤炭、电力、化工、建材等重点行业，也涌现出了一批循环经济示范企业。电水盐联产循环经济模式中的天津北疆发电厂就是其中的典型代表。

（二）工业园区模式

通过企业之间的物质交换、能量梯级利用及信息集成，使一家工厂的废气、废水、废渣、废热、副产品及产品成为另一家工厂的原料或能源，形成共生耦合关系，建立生态工业园区。早期的典型代表如丹麦卡伦堡生态工业园区。在国内，既有天津经济技术开发区、苏州工业园区这样的综合性园区发展模式，也有天津子牙、广东清远华清这样的“城市矿产”基地(静脉产业园区)①。电水盐联产循环经济模式中各企业通过废物、副产品、产品的交换利用和信息共享，形成了一个虚拟型生态工业园区。

① “城市矿产”是指工业化和城镇化过程中产生的蕴藏于废旧机电设备、电线电缆、通讯工具、汽车、电子产品、家电、金属和塑料包装物及废料中，可以循环利用的钢铁、有色金属、贵金属、橡胶、塑料等资源。“静脉产业”一词最早产生于日本，是对废弃物循环利用的形象比喻，就像人体的血液经过动脉为身体各部分输送养分和能量以后，经过静脉回收再流回心脏参加下一轮循环一样。与之相对应的，围绕开发利用自然资源而形成的产业则称为“动脉产业”。

（三）行业模式

在生产的全过程和各个环节全面推行“源头减量、过程优化、末端再生”的循环型生产方式。大力推进源头减量，推广绿色设计，推行清洁生产，淘汰落后产能，减少能源资源消耗与废弃物的排放；推进产业循环式组合，优化产业布局，合理延伸产业链，构建行业内、行业间共生耦合的循环型工业体系。通过试点，我国在煤炭、电力、钢铁、有色、化工、建材等重点行业形成了行业循环经济发展模式。

（四）跨行业、跨产业模式

通过产业链条的自然延伸，形成跨行业、跨产业的循环经济模式。电水盐联产循环经济模式就是一个横跨电力、海水淡化、制盐、建材行业的跨行业循环经济模式。另一种典型的跨产业模式是工农复合循环经济模式，它是对传统种养加一体化的完善与丰富，以种养殖为龙头，将种植、养殖、农副产品加工、生物质能、商贸物流等进行高效集成，形成以农业为主体，工、农、服务业联动发展的现代农业循环经济产业体系。

第二节　循环经济模式研究的理论基础

一、产业生态学理论

（一）产业生态学的基本概念

产业生态学是循环经济最重要的理论基础之一。产业生态学（Industrial Ecology，又译为“工业生态学”）的概念最早由美国通用公司的罗伯特·福布什（Robert Frosch）和尼古拉斯·加罗

布劳斯（Nicolas Gallopoulos）于1989年提出。他们认为，传统工业活动中，各个制造工艺摄入原材料生产出产品和需要处理的废弃物，这样一种简单的工业模式应该转变为一种更加一体化的模式——产业生态系统。在产业生态系统中，能量和物质消耗是优化的，并且一种过程的排出物，无论是石油炼制过程的催化剂、发电过程产生的粉煤灰和炉渣，还是产品消费后的废塑料容器，都可以作为另一生产过程的原材料。

产业生态学通过研究并模仿自然生态系统的能量流动和物质循环（代谢）关系，改进产业系统的能量流动和物质循环关系，减少产业系统对生态系统的影响，建立产业生态系统。

产业共生是产业生态学最重要的概念。它是指不同企业之间通过废物、副产品、产品的交换利用以及信息和基础设施共享，提高企业的生存能力和获利能力，实现资源节约与环境保护。产业共生不仅要求企业集聚形成产业集群，还要求集聚的企业之间通过环境保护方面的合作来实现整体效益的优化。

（二）产业生态系统的构成

理想的产业生态系统包括四类基本组成成分：资源开采者、物质处理者（制造商）、消费者和废物处理者（Gradedel T. E.，Allenby B. R.，2004）。其中：

资源开采者，类似于自然生态系统的生产者，是指资源性产品生产企业，如采矿厂、冶炼厂、电厂等，它利用基本环境要素（空气、水、土壤、岩石、矿物质等自然资源）生产初级产品。

物质处理者，类似于自然生态系统食物链中较低级的消费者，是指加工企业，它将资源性产品生产企业提供的初级产品加工转换成能满足人类生产生活必需的工业品。

消费者是指消费产品的人，类似于自然生态系统食物链中较高级的消费者。

废物处理者，类似于自然生态系统的分解者，是指各类对废

弃物进行回收、再生利用的企业，它对工农业活动产生的废弃物、消费后的废弃物及废旧产品进行处置，转化为可再利用的资源。

在产业生态系统中，资源开采者、物质处理者、消费者、废物处理者通过物质流、能量流连接起来，形成生态产业链（也称为循环经济产业链、生态工业链、工业代谢链）。众多生态产业链交织在一起形成生态产业网络（又称为产业共生网络）。

在理想的产业生态系统内部，资源与废物没有实质性差别，对一个企业来说是废物，对另一个企业来说却是资源，只需要较少的资源和能源输入，整个系统对外排放有限的废物，这些废物能够纳入自然界的物质循环，并能再生出原料。在这种状态下，产业生态系统成为与自然界和谐共存的一个子系统，如图2-1所示。

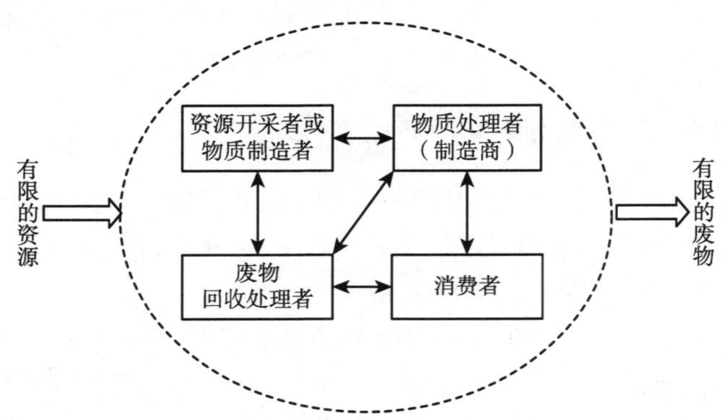

图2-1 较为理想的产业生态系统示意图

资料来源：Gradedel T. E.，Allenby B. R.，2004.

（三）产业生态学的重要实践形式：生态工业园区

生态工业园区（Eco-Industrial Park，又译为生态产业园区、循环经济工业园区、循环经济产业园区），是指一个由制造企业

和服务企业组成的群落，通过在环境与资源（包括能源、水、原料、废弃物、信息、基础设施等）方面的合作来实现环境与经济的双重优化和协调发展，使该企业群落的整体效益优于单个企业之和。生态工业园区的目标就是要改善参与企业的经济效益，同时最大限度地减少其环境影响（王兆华，2003）。

生态工业园区从构建形式来看，可分为自发型和政府推动构建型。自发形成的生态工业园区最为典型的是丹麦卡伦堡生态工业园区。在国内由政府推动形成的生态工业园区较多，由于过于注重对循环经济产业链条的设计与构建，忽视了废弃物交换利用的费用效益分析和配套制度建设，企业参与积极性并不高，导致许多园区的效益并不如预期中的理想，部分生态工业园区名不副实。

生态工业园区从空间范围来看，可划分为实体型和虚拟型。所谓实体型生态工业园区是指具有明确的地域边界的生态工业园区，如各类工业园区、开发区改造而成的生态工业园区。虚拟型生态工业园区不严格要求参与企业集中在某个固定区域，可以在一个较大区域范围内共享物质、水、能量、技术和信息等，形成产业共生体。电水盐联产循环经济模式从空间上来看，就是一个典型的虚拟型生态工业园区。

二、产业集聚理论

产业聚集是指在产业发展过程中，处于特定领域内的相关企业或机构，由于相互之间的共性和互补性而紧密联系在一起，形成一组在地理上集中的相互联系、相互支撑的产业群的现象。这些聚集企业基本上处于同一产业链条上，既相互竞争又相互合作，呈现出横向扩展或纵向延伸的专业化分工格局，通过相互之间的溢出效应，使得技术、人才、信息、政策及相关产业要素等资源得到充分共享，聚集企业因此获得规模经济效益，进而提高整个产业群的竞争力（李碧宏，2012；吴迪，2012）。

产业集聚具有如下特点（王洁，2007；李碧宏，2012）：

1. 从产业布局来看，构成产业集聚的企业或机构在地理空间上彼此临近。

2. 从产业构成来看，产业集聚通常围绕某一种核心产业或主导产业形成，一般由几个大型企业或关键企业推动，吸引众多相关企业或配套企业，围绕关键企业开展产品的经销活动。

3. 产业内部分工趋势明显，劳动分工从产业之间的分工逐渐转向同一产业内部的分工，实现零配件、工艺专业化。

4. 采购本地化，降低了企业的采购成本、供应成本和交易成本，聚集企业之间的合作更为紧密。

5. 产业内部联结模式多样化，主要包括以市场竞争合作互动为主导的联结模式，以价值链为主导的联结模式，以及以公共性投入、生产要素互享或互补为主导的联结模式。

6. 创新是产业集聚获得持续竞争优势的根源，产业集聚有利于创新，而创新反过来又进一步促进产业集聚。

7. 在产业集聚中，除了企业外，还存在大量的组织和机构，如地方政府、协会、各类信息平台和研究机构等。

上述理论表明，在研究循环经济模式（产业生态系统）时，不仅要关注企业之间物质和能量的链接关系，还要关注企业之间在环境保护方面的合作机制，以及企业与政府、社会机构等利益相关主体的相互关系。

三、费用效益分析理论

（一）费用效益分析的基本概念

1. 费用效益分析、经济费用效益分析、财务效益与费用效益分析。

费用效益分析是指通过权衡效益与费用来评价项目（法规、规划、政策等）① 可行性的一种分析方法。它分为经济费用效益分析和财务效益与费用分析两种。

经济费用效益分析是从国民经济角度出发，依据一定的程序、准则分析项目给社会带来的效益与费用，选择出最优的决策方案，评价项目在宏观经济上的合理性（国家发展改革委和建设部，2006；任勇和周国梅等，2011）。

财务效益与费用分析是指在国家现行财税制度和价格体系的前提下，从项目的角度出发，计算项目范围内的财务效益和费用，分析项目的盈利能力和清偿能力，评价项目在财务上的可行性（国家发展改革委和建设部，2006）。

通常，大部分学者将经济费用效益分析简称为费用效益分析，财务效益与费用分析简称为财务分析。为了避免概念上的混淆，在无特殊说明的情况下，本研究中所提及的费用效益分析就是指经济费用效益分析，而将财务效益与费用分析简称为财务分析。

2. 费用效益的构成与分类。

费用效益分析中，费用包括直接费用和间接费用，效益包括直接效益和间接效益。

直接费用，也叫内部费用，是指项目使用投入物所产生并在项目范围内计算的经济费用，包括项目本身的直接投资和生产物料投入，以及其他直接支出。项目产生的负效益统一划为费用，不能货币量化的负效益可用文字作定性分析。

间接费用，也叫外部费用，是指社会为项目付出的代价，而项目本身并不实际支付的费用，在环境保护领域，主要是项目产生的环境污染给社会所造成的损失，也即通常所说的外部环境成本。

直接效益，也叫内部效益，是指项目本身产生和提供的产出物或劳务的经济收益。

---

① 为了叙述方面，以下将项目、法规法规、规划、政策等均简称为项目。

间接效益，也叫外部效益，是指项目对社会做出的贡献，而项目本身并未得到的那部分效益，如植树造林带来的改善区域气候环境的效益；环境污染治理减少的外部环境成本，也可看作环境效益。

3. 费用效益分析与财务分析的区别。

费用效益分析评价项目对整个社会福利水平的影响，关注的是社会成本和社会效益。财务分析考察整个项目对个人或厂商利益的影响，只考虑私人成本和私人效益。如表 2－1 所示。

表 2－1　费用效益分析与财务分析的区别

评价类别	费用效益分析	财务分析
出发点	全社会利益	厂商利益
价格	反映整个社会资源供给与配置的价格，即影子价格	预期的实际要发生的价格
成本与效益的范围	除直接收入支出外，还考虑间接效益和费用	厂商的直接支出和收入
收入支出项目	津贴、税收、利息作为转移支付，不予计入	政府的津贴和税收应予计入

还需要说明是，在财务分析中，费用指企业在生产经营过程中发生的所有耗费，成本通常指企业为生产商品和提供劳务所发生的各项耗费。而在费用效益分析中并不严格区分费用和成本的概念。在本研究的费用效益分析中，成本与费用的概念是一致的，既包括企业内部的所有耗费，也包括外部环境成本。

（二）费用效益分析的基本原理及步骤

1. 基本原理。

费用效益分析的一般规则是如果效益（B）大于费用（C），

则项目可以实施。反之，若 $B < C$，则不能实施。如果可选择的所有项目中，每一个项目均是 $B > C$，则选择 B 值和 C 值差别最大的项目作为最终选择项目。如果几个非排他的项目都是 $B > C$，但预算有限，则选取最符合预算支出的项目。

费用效益分析大多是在项目实施前进行的，但也有在项目实施之后做的，其目的是总结项目是否应该进行，并从决策过程潜在的错误中吸取教训。

2. 费用效益分析的步骤。

费用效益分析一般包括三个步骤：

（1）识别项目的费用和效益。从社会福利的角度出发，不但要考虑直接费用和直接效益，还要考虑间接费用和间接效益。

（2）对费用效益进行贴现。把发生在未来的费用和效益转化成现值，计算公式为：

$$PV = \frac{F_n}{(1 + r)^n}$$

其中：PV 为费用（或效益）现值；F_n为发生在未来第 n 年的费用（或效益）；r 为社会贴现率。

（3）对贴现后的费用效益进行评价。评价指标之一：经济净现值（ENPV），即项目计算期内各年的净现值之和。ENPV 是反映项目对国民经济所做净贡献的绝对指标，ENPV 大于或等于零的项目被认为是可以考虑的项目。评价指标之二：经济内部收益率（EIRR），即使得项目计算期内的经济净现值累计等于零时的贴现率。EIRR 是反映项目对国民经济贡献的相对指标，EIRR 大于或等于社会贴现率（r）的项目被认为是可以考虑的项目。评价指标之三：经济净现值率（ENPVR），即项目净现值与全部投资现值之比。ENPVR 是反映单位投资对国民经济的净贡献程度的指标，一般情况下，应选择净现值率高的项目。本研究将选取经济净现值（ENPV）作为评价指标。

（三）费用效益分析的几项重要原则

采用影子价格。在进行费用效益分析时，项目的主要投入物和产出物，原则上都应采用影子价格。影子价格是指投入生产的资源在最优配置和有效利用时所应得到的价格，即商品或生产要素可用量的任一边际变化对国家基本目标——国民收入增长的贡献值。影子价格反映社会对资源真实价值的度量，资源越稀缺，其影子价格就越高；反之，当资源可以满足社会需求时，资源单位效益增量价值就越小，影子价格就越低。

剔除转移支付。转移支付代表购买力的转移行为，接受转移支付的一方所获得的效益与付出方所产生的费用相等，转移支付行为本身没有导致新增资源的发生。税赋、补贴、利息属于转移支付，在进行费用效益分析时，一般不再计算。

间接费用和间接效益计算不宜扩大化。间接费用和间接效益是由外部性引起的。项目的产出或投入无意识地给他人带来费用或效益，但项目并没有为此付出代价或为此获得收益。为防止外部效益（费用）扩计算扩大化，一般只计算一次相关效果。

四、外部性理论

外部性是某个经济主体对另一个经济主体产生一种外部影响，而这种外部影响没有通过市场价格反映出来。用数学语言来表述，所谓外部性就是某经济主体的福利函数的自变量中包含了他人的行为，而该经济主体又没有向他人提供报酬或索取补偿，即：

$$F_j = f(X_{1j}, X_{2j}, \cdots, X_{nj}, X_{mk}) \quad j \neq k$$

其中，j 和 k 是指不同的个人（或厂商），F_j表示 j 的福利函数，X_i（$i=1, 2, \cdots, n, m$）是指经济活动。该函数表明，如果某个经济主体 F_j的福利除了受他自己所控制的经济活动 X_i的

影响以外，同时还受另外一个经济主体 k 所控制的经济活动 X_m 的影响，那就存在外部性。

外部性分为正外部性（外部经济性）和负外部性（外部不经济性）。正外部性是指 j 因为 X_{mk}的存在而受益。当存在正外部性时，行为人的边际私人效益小于边际社会效益，边际私人成本大于边际社会成本。环境保护活动具有正外部性。例如，上游居民植树造林，保持水土，下游居民享有质量和数量均有保障的生产生活用水。负外部性是指 j 因为 X_{mk}的存在而受损。当存在外部不经济性时，行为人的边际私人效益大于边际社会效益，边际私人成本小于边际社会成本。燃煤发电具有负外部性，排放的二氧化硫、氮氧化物、二氧化碳造成的环境污染、气候变化等损失由社会承担。

环境资源的外部性和公共物品性质导致环境资源配置的扭曲，出现市场失灵。环境污染的负外部性使污染物过度排放；环境保护的正外部性使环境保护产品供给严重不足。为了使环境资源实现优化配置，需要对外部性进行纠正，即环境外部性内部化，经济学上提出了三种解决方式：

（1）征收环境税。按照庇古的观点，导致市场配置资源失效的原因是行为人的私人成本与社会成本不相一致，私人的最优导致社会的非最优。因此，以庇古为首的福利经济学派提出通过征收“庇古税”来改变价格水平，将外部性内部化。环境税、排污收费、政府补贴等均是庇古手段的具体表现。

（2）明晰产权。以科斯为代表的新制度经济学派主张通过明确界定产权并进行交易，来实现外部性内部化。只要产权是明确的，并且交易成本为零或者很小，那么无论在初始时将财产权赋予谁，市场均衡的最终结果都是有效率的，实现资源配置的帕累托最优。水权交易、排污权交易等均是科斯手段的具体表现。

（3）企业合并。例如，当一个企业的生产影响另一个企业的生产时，如果把两个企业合并为一个企业，那么外部影响就

“消失”了。合并后的企业为了自己的利益，将会把自己的生产确定在边际成本等于边际效益的水平上，而此时不存在外部影响，故合并企业的私人成本（效益）就等于社会成本（效益），从而实现了资源的最优配置。

发展循环经济提供了解决外部性的另一种思路，即从末端治理向全过程防控转变，通过提高资源利用效率，从而减少资源消耗和废弃物产生；通过循环利用废弃物，从而减少废弃物的排放。由此，减少或避免外部性的发生。

第三章　天津北疆电水盐联产循环经济模式概况及研究思路

第一节　提出背景及发展现状

一、提出背景

天津北疆电水盐联产循环经济模式的构思及规划始于2004年，是在国家大力倡导发展循环经济和环渤海区域经济迅速发展的双重背景下提出的，充分体现了经济发展需要、资源环境约束和循环经济发展理念相结合的特点和优势。

（一）自然地理条件

天津市原汉沽区具备发展电水盐联产循环经济模式的客观条件。渤海湾为三面环陆的半封闭性海湾，海水交换能力和自净能力差，海水污染较为严重。如果将一座百万吨级的海水淡化厂的浓海水全部排入海洋水体，则渤海湾的盐度每十年将增加0.2个百分点，这将严重影响该区域的生态环境。因此，浓海水的出路是制约环渤海区域发展海水淡化产业的重要因素。另一方面，天津市原汉沽区初步形成了以海盐及海洋化工为主导的产业体系，是天津市重要的海洋化工生产基地。该区域滩涂连片，是著名的长芦盐的中心产区，长芦汉沽盐场盐田面积约134平方公里，具备接纳大规模浓海水并对其进行综合利用的能力。

（二）资源约束

淡水资源和电能紧缺是电水盐联产循环经济模式诞生的现实需求。一是天津市淡水资源极度缺乏，属于全国最缺水的地区之一，由于长期超采地下水，导致地下水位持续下降，引发大范围的地面沉降。淡水资源短缺已严重阻碍了天津地区的经济社会发展，影响城市居民生活质量。因此，对天津这样一个淡水资源严重不足的沿海城市来讲，向海洋要淡水是一种必然趋势。二是京津唐电网作为华北电网的负荷中心，其用电量和供电负荷增长较快，如果不建设新电厂，将出现缺电现象。同时，京津唐地区缺少电源支撑，电网安全存在隐患。

（三）技术进步

海水淡化技术已比较成熟，是电水盐联产循环经济模式诞生的重要支撑。海水淡化脱盐方法有数十种，目前占据主流的是反渗透（RO）和多效蒸馏（MED）。前者又称为膜法，后者又称为热法或蒸馏法。如表3－1所示。

反渗透（RO）是指在盐水（海水）侧施加压力迫使水分子通过半透膜进入纯水侧的过程。近20年以来，随着预处理技术的改进、能量回收装置的使用和膜性能的优化，使反渗透技术日益成熟。进入21世纪后，反渗透法发展速度已经超越多效蒸馏法。反渗透装置体积小，安装灵活；腐蚀和结垢程度较轻；工程一次性投资低。但反渗透膜的使用寿命短、维护费用高，在海水温度低的情况下需进行加热处理。

多效蒸馏（MED）是指加热后的海水经多个蒸发器串联形成的多效蒸发过程。第一效的蒸发器热源来自锅炉，其余各效蒸发器的热源都由其上一效的二次蒸汽提供。以操作温度90℃

为分界线，可分为低温多效蒸馏和高温多效蒸馏。多效蒸馏法具有传热系数高、动力消耗少、出水水质好等优点。但多效蒸馏法设备较复杂，存在严重的结垢和腐蚀问题。近年来，由于节能等因素，该法发展迅速，装置规模日益扩大，成本日益降低。

虽然国外对各种海水淡化技术做了多种对比实验，以期明确孰优孰劣，但是目前热法和膜法技术均有广泛的用户，并仍在不断发展。每种海水淡化技术都有其优缺点，并有一定的适用范围和条件，选择何种海水淡化技术，要根据实际情况综合考虑。天津北疆发电厂选择了低温多效蒸馏法，实行电水联产。

表3-1　低温多效蒸馏法与反渗透法海水淡化技术的优缺点及适用范围

技术名称	优点	缺点	适用范围
反渗透（RO）	装置体积小，安装灵活；腐蚀和结垢程度轻；工程一次性投资低	反渗透膜的使用寿命短、维护费用高，在海水温度低的情况下需加热处理	大、中、小型海水淡化装置均可，对海水水质和水温要求较高
低温多效（MED）	传热系数高，生产每立方米淡水所需的原料水少，出水水质好	工程投资较高，设备较复杂，易结垢，腐蚀严重	大型海水淡化装置，多实行电水联产。对海水水质和水温要求不高

（四）政策背景

国家鼓励发展循环经济和海水淡化是电水盐联产循环经济模式诞生的政策基础。21世纪初，循环经济作为一种实现可持续发展战略的重要途径受到各方高度关注，国务院发布了《关于加快发展循环经济的若干意见》（2005），出台了鼓励循环经济发展的政策。其中，电力、建材、化工等成为开展循环经济的重点行业。发展海水淡化是循环经济的重要内容，有关部门发布了《海水利用专项规划》（2005），支持海水淡化和海水直接利用产业化示范工程。

二、设计思路及概况

为了满足京津唐地区的电力需求，天津市政府联合国家开发投资公司决定在天津市汉沽地区建设一座大型燃煤发电厂。承担项目建设的天津国投津能发电有限公司在有关科研机构的协助下，综合考虑天津市缺电、缺淡水、环渤海湾地区生态环境脆弱等特点，以及汉沽区具有传统盐场和化工企业较多的客观条件，决定按照循环经济理念规划设计该项目，即在建设发电厂的同时，充分利用发电厂的余热，采用低温多效蒸馏技术建设海水淡化厂，并将海水淡化后的浓海水排向汉沽盐场制盐及发展盐化工，发电厂产生的粉煤灰和脱硫石膏等用于生产新型建材。

在这一设计理念的指导下，国家开发投资公司、天津市津能投资公司和天津长芦汉沽盐场有限责任公司分别以64%、34%和2%的比例，共同出资组建了天津国投津能发电有限公司（一般称为“天津北疆发电厂”）负责项目的开发运营。项目选址于天津市滨海新区汉沽营城镇大神堂村与双桥子村之间，渤海西北岸，距天津港21千米，距唐山市50千米，距北京天安门广场约185千米，占地面积2.2平方公里。如图3－1所示。

三、发展现状及面临的问题

电水盐联产循环经济模式涉及的工程项目主要包括：6×1 000MW

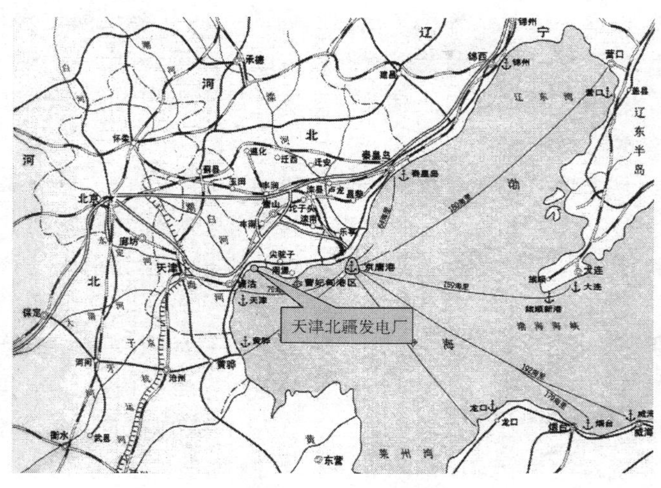

图 3－1　天津北疆发电厂地理位置

燃煤发电工程、60 万立方米/日海水淡化生产装置及输水工程，配套建设浓海水制盐工程和粉煤灰渣制建材工程。项目分三期建设，一期建设 2×1 000MW 发电机组、20 万立方米/日海水淡化装置、18 万立方米/日淡化水输送工程、30 万立方米加气混凝土工程、配套浓海水制盐工程。

该模式不但可以有效降低海水淡化成本，而且可以提高发电厂的热效率；将海水淡化后的浓海水制盐，由于浓海水含盐浓度增加了一倍，可以大幅提高制盐效率，节约盐田占地。因此，该模式一经提出便受到了有关部门和业内外人士的广泛关注。2005 年天津北疆发电厂被国家发展改革委、原国家环保总局等六部委列为第一批循环经济试点单位；2011 年被国家发展改革委列为全国 60 个循环经济典型模式案例之一；2012 年被工信部确定为首批工业循环经济重大示范工程。

目前，发电工程、海水淡化、浓海水制盐、粉煤综合利用等一期工程已建成投产，可同时生产电力、淡化水、原盐、溴素、建材等产品。其中，海水淡化项目每天可向社会供淡化水 18 万吨，开创了我国淡化水大规模进入市政管网的先河，淡化海水的成本、出路等多方因素，对于我国淡化海水大规模民用化和工业化具有重要参照意义。

受天津北疆发电厂循环经济实践的启发，国内一些有条件的地区也在进行电水盐联产的探索。如河北曹妃甸与北京市共同提出了将淡化水大规模输送到北京的战略构想，作为南水北调的重要补充，以缓解北京市严重缺水的局面。

但是，自天津北疆发电厂一期工程项目建成以来，经济效益波动较大。2010 年和 2011 年全厂（包括发电、海水淡化和粉煤灰渣综合利用）出现亏损近亿元，2012 年实现盈利约 3.5 亿元，2013 年实现盈利近 10 亿元。浓海水制盐项目盈利状况一直良好。海水淡化由于成本过高，导致淡化水送出困难，除发电厂、海水淡化厂、建材厂自用 2 万立方米/日外，目前仅向社会供应淡化水 3 万立方米/日，75% 的产能处于闲置状态。

为什么具有显著节能环保效益的项目在运行中却出现了亏损？尤其是海水淡化产能闲置问题，在全国范围内已成为一种普遍现象。本研究将深入分析电水盐联产循环经济模式的运行情况和面临的体制机制障碍，寻求对策。

由于市场情况变化，各工程项目的生产量会有所调整。为了分析方便起见，本研究中所有物质流分析、环境效果分析、费用效益分析、财务分析均按建成的产能计算，即发电工程 2×1 000MW、海水淡化工程 20 万立方米/日、淡化水输送工程 18 万立方米/日、制盐工程（新增原盐 45 万吨/年、溴素 5 000吨/年）、加气混凝土砌块工程 30 万立方米/年。如表 3-2 所示。

表 3-2　　天津北疆电水盐联产循环经济模式相关项目建设进展

项目名称	建设内容	主要技术工艺	建设进度	目前实际产量（产能）
发电工程	一期：2×1 000MW发电机组	百万千瓦超超临界发电机组	2009 年 9 月 24 日 1 号机组顺利投产发电；2009 年 11 月 30 日 2 号机组顺利投产发电	年发电 110 亿千瓦时
	二期：2×1 000MW发电机组	百万千瓦超超临界发电机组	2013 年 12 月获得国家有关部门的建设许可，现已开工建设	—
	三期：2×1 000MW发电机组	百万千瓦超超临界发电机组	尚未启动	—
海水淡化工程	一期：20 万立方米/日海水淡化装置	低温多效蒸馏法（MED + TVC），全套引进以色列 IDE 公司生产的海水淡化装置	两套 10 万立方米/日的海水淡化装置分别于 2009 年 10 月和 2013 年 12 月建成投产	目前发电厂、建材厂、海水淡化厂和输水公司自用 2 万立方米/日，向社会供水 3 万立方米/日，75% 的产能处于闲置状态
	二期：30 万立方米/日海水淡化装置	低温多效蒸馏法	尚未启动	—

续表

项目名称	建设内容	主要技术工艺	建设进度	目前实际产量（产能）
淡化水输送工程	通向汉沽水厂、开发区水厂、新河水厂、新区水厂的输送系统	建设加压泵站和输水管网；采用自主研发的淡化水与自来水掺混调值技术	2010 年 10 月 21 日淡化水正式进入原汉沽区市政管网	汉沽水厂接收 1 万立方米/日、天津经济技术开发区水厂接收 2 万立方米/日淡化水
制盐工程	一期：海水淡化后的浓海水和发电厂的循环冷却水排向汉沽盐场制盐	疏通三条送水沟道，将浓海水和循环冷却水送往汉沽盐场；以及对盐场制盐工艺进行改进	2009 年 10 月建成投产	海水淡化装置全部运行时，原盐产量将提高 45 万吨/年、溴素产量提高 5 000 吨/年
	二期：真空制盐工程	四效真空蒸发制盐	可研设计阶段	—
固体废弃物综合利用工程	一期：30 万立方米加气混凝土砌块	采用常规砌块生产工艺：配料、搅拌、浇注、发泡、预养、切割、蒸压养护	2010 年建成投产	年产加气混凝土砌块 30 万立方米，根据市场情况动态调整
	二期、三期根据发电机组建设情况配套建设	—	—	—

第二节　有关研究进展

一、关于循环经济模式的研究进展

（一）循环经济模式的效益（效果）评价

关于循环经济模式的效益，以定性评价为主，主要是针对资源环境方面的效益。除了定性研究外，学者们也试图建立各种评价指标体系来衡量循环经济模式的效益。在评价方法上，大多是在物质流分析基础上建立一套评价指标体系，表征系统循环经济发展状态和水平。孙启鹏和王帅（2011）等从减量化、资源化、无害化三方面设计了九项指标，对道路运输企业循环经济发展状况进行了评价。徐君（2011）建立了煤炭企业循环经济评价指标体系。刘雷（2012）从经济发展、资源利用、环境保护、绿色管理四方面提出了基于循环经济理念的产业链可持续发展能力评价指标体系，并以6条不同行业的循环经济产业链为例，对比分析了其可持续发展能力。刘国才和王松江等（2006）等提出在循环经济理念指导下，项目效益评估指标体系要进行重大调整，要在传统评估指标基础上，增加资源效益指标和社会效益指标。此外，一些学者根据能值分析（刘浩和王青等，2008）、价值流分析（肖序和湛晔林，2007）等方法，建立了企业循环经济评价指标体系。这类研究的优点是可以较为全面的体现发展循环经济的资源利用效率和环境效果，但是计算方法较为复杂，数据收集较难，并且难以建立一套普适性指标体系，各类指标体系评价的结果不能进行横向比较。

（二）循环经济模式的利益实现及分配问题

这类研究主要围绕生态工业园区、循环经济产业链进行。王兆华和武春友（2002）运用交易费用理论研究了生态工业园区中企业的共生机理，他们认为参与共生的企业努力寻找交易成本最小的模式来进行合作，以此获得最大的经济效益，即生态工业园区所产生的集聚效应极大地节约了交易成本与生产成本，增强了生态产业链上各企业的整体竞争力。杨雪锋（2008）认为产业链上的企业利益合理分配和价值共享是循环经济产业链的良性运作的基础，并针对不同类型的循环经济产业链提出了不同的发展路径和制度结构。齐振宏、王培成等（2009）认为生态产业链共生耦合关系涉及链上的企业、政府、社会公众等利益相关者，持久合理的利益链接机制是生态产业链持续发展的核心，因此在设计共生机制时必须统筹兼顾各方利益，以保障链上个体效益和产业链整体效益的实现。沈金生（2010）认为，区域间、行业间、企业间构建生态型产业链，能充分发挥循环经济规模效应，改变单个企业发展循环经济效果不理想的现状，但由于企业间利益导向不一致或者利益分配失衡，企业间合作存在着一定风险，如企业循环生产中非循环企业的“搭便车”行为、循环经济利益实现中部分企业的“败德”行为、企业循环经济利益实现面临信息风险等。这类研究基本停留在理论探讨层面，还没有针对具体的循环经济模式或生态工业园区案例进行定量分析的研究成果。

（三）循环经济模式的稳定性

这类研究主要围绕循环经济产业链进行。循环经济产业链，又称生态工业链、生态产业链。已有研究成果表明，影响循环经济产业链稳定性的因素是多方面的。

Frosch（1996）认为缺少废物（副产品）的相关净化技术是

影响生态产业链稳定性的重要原因。Schlarb（2001）分析了企业群落的政策、技术、文化等外部环境，他认为环境系统对于提升企业群落的稳定性具有关键性作用，在政府、公共部门和社区等多方参与的基础之上，构建区域范围的产业生态系统更具有多样性和灵活性。Cote 等人（2003）认为通过生态位添补的形式，可以提高生态产业链上企业的多样性，有助于提高生态产业链的稳定性。Pierre Desrochers（2004）和 Heeres 等（2004）提出，自然组织形成的生态产业链的稳定性，高于由政府主导建立的生态产业链的稳定性。

王兆华和尹建华等（2003）运用进化博弈论分析了影响生态产业链稳定性的因素，主要包括生态产业链的演进路径共生模式、结构特点和企业之间的关系、链接刚性所引致的风险及外界环境的影响等。武春友和邓华（2005）认为生态产业链的稳定性影响因素分为三个维度：技术维度因素、结构维度因素和外部条件维度因素。李艳双和于树江等（2008）认为，影响生态产业链稳定性的主要因素有：组织因素、技术因素、政策因素和经济因素等。蒋国俊和蒋明新（2004）认为，生态产业链的稳定性受竞争定价、利益调节和沟通信任机制的影响。杨雪峰（2008）把影响循环经济产业链稳定性的因素概括为两个方面：交易的不稳定性和非交易不稳定。其中，交易不稳定主要由于是交易成本过高，非交易不稳定则源于循环经济系统的不确定性，如系统本身的复杂性、制度不完善、技术不成熟和收益不确定性及产业规划的滞后性。陈瑾瑜和王朝全（2007）认为，上下游企业以及政府部门在生态产业链上的不同利益动机及博弈行为影响该生态产业链的共生耦合。

总之，影响循环经济模式稳定性的因素是多方面的，除了技术因素，利益实现与分配因素至关重要，而这又与制度安排密切相关。

（四）循环经济模式下的企业行为

罗俊霞和李忠斌（2005）从理论上分析了循环经济发展模式对企业生产成本的影响，认为循环经济模式较高的生产成本阻碍了其顺利推行，政府应采取相应的措施来消除生产成本的差别。赵峰（2007）认为，企业在没有受到外力作用下不会改变传统经济模式的运行惯性，需求拉动力、竞争驱动力、技术推动力和政府主导力是企业由传统经济模式向循环经济模式转变的先决条件，而技术推广普及、消费者绿色消费意识和购买力的提高、企业间博弈的纳什均衡的改善以及政府法规政策的配套措施则是各方作用力的支撑点。李岩（2009）指出，企业参与循环经济的内部驱动力源自技术进步带来的成本下降和收益提高、消费者的需求产生的竞争导向等，但无论是内部驱力还是外部驱力，最终的决定因素是企业对自身经济利益的追求，要通过政策设计来促进企业实现经济利益最大化，从而激励企业生产方式良性转化。张迪和张象枢等（2009）讨论了企业发展循环经济的主要行为及其驱动因素，构建了适宜于分析企业发展循环经济的"结构—驱动力—行为—绩效（SMCP）"模型，可用于分析与评价企业发展循环经济的驱动力、行为及绩效。陈勇（2010）认为，循环经济技术范式的采用会引起企业内部生产活动的成本结构的变化，但由于企业采用循环经济技术范式的社会收益难以内部化，致使其微观动力不足。政府建立起相应的制度激励，引导和规范企业的生产经营行为，从而促进微观层面上循环经济发展模式的形成。王晶（2010）研究表明，循环经济模式下企业行为最优化的条件是企业生产的边际收益与废弃物资源化的边际收益之和，等于企业生产的边际成本、废弃物资源化的边际成本和污染治理的边际成本之和，因此循环经济条件下的企业行为不仅要考虑产品的价格与投入要素的价格，还要考虑资源化的成本与收益以及污染治理成本。许树辉（2010）认为，企业实施由传

统发展模式向循环经济模式的转型，必须建立在企业转型所得利益不低于传统模式下既得利益的基础之上，政府的税费途径在企业循环经济模式转向上发挥着重要作用。

已有研究表明，企业参与循环经济模式最根本的动因是获取更大的经济利益，政府出台优惠政策引导，有利于降低企业由传统模式向循环经济模式转变的成本。

（五）对研究电水盐联产循环经济模式的启示

部分学者针对电水盐联产循环经济模式进行了研究，以定性评价为主，并结合物质流分析，评价了该模式的资源环境效益。如国家发改委经济体制与管理研究所课题组（2004）①对天津北疆电水盐联产循环经济模式的减量化效益、再利用效益、资源化效益、技术溢出效益、经济效益进行了预测分析。冯俊举和王绪书等（2005）的研究表明：利用浓海水晒盐可以提高单位面积产量，同时还可节约土地，经济效益显著；用淡化浓缩水晒盐解决了淡化浓海水对生态环境造成的污染问题，使天津海岸海水淡化成为可能，社会效益显著。金春华和张世伟等（2009）认为对海水进行综合开发利用，既增加了淡水资源总量，同时生产盐及其他化学品，形成循环经济产业链，提高经济效益，还可降低潜在环境污染。于海淼和李长如等（2011）对电水盐联产循环经济模式的经济、社会、环境保护贡献进行了研究，并提出了推广该模式的建议。林香红和周怡圃等（2012）以天津北疆发电厂循环经济模式为例，提出了一套评价指标体系，得出了天津北疆发电厂循环经济模式在节能减排方面成效显著的结论。

可见，关于电水盐联产循环经济模式的研究还不够深入，尤其是缺少自2009年建成投产以来的跟踪研究，如该模式在实际

① 国家发展改革委经济体制与管理研究所课题组：天津北疆电厂及其配套循环经济项目实施方案的研究报告，2004年。

运行中取得的效益、出现的问题、面临的体制机制障碍等。现有关于循环经济模式的利益实现、利益分配、稳定性、企业行为等方面的研究成果，可以为研究天津电水盐联产循环经济模式提供借鉴。但是，关于循环经济模式的研究尚未形成系统的理论框架，缺少对循环经济模式的费用效益分析，部分循环经济模式在运行中出现了“循环不经济”的现象，这是本研究将着力解决的问题。

二、关于海水淡化的研究进展

（一）电水联产的技术经济评价

由于国内海水淡化产业还处于起步阶段，已建成运营的大规模海水淡化项目并不多，而许多项目尚处于规划设计阶段或正在建设，因此从技术经济角度来分析电水联产项目可行性的研究成果较多。白绍桐和范晓鹏（2009）认为海水淡化与发电项目同步建设，可大幅提高系统运行效率及产水率；海水淡化项目采用厂用电价，能够降低海水淡化总成本 20% 左右；可有效提高电厂满负荷年运行小时数及其盈利能力。刘晓华和沈胜强（2012）的研究结果表明：水电联产可以有效节约海水淡化成本，在参数相同的情景下，水电联产优化设计和无水电联产等温差设计相比，最大可以节约海水淡水成本 87.54%。

（二）海水淡化成本分析

金春华和张世伟等（2009）以设想中的河北曹妃甸工业区淡化水输送北京工程为例进行了分析，按海水淡化厂寿命 20 年、输水工程寿命 40 年、自有资金 30%、银行贷款利率 6%、自有资金内部收益率为 8%、不享受任何优惠政策的前提下，计算水价暂为 6.196 元/立方米。如果国家对海水淡化工程能够给予一

定补贴，并免除有关税费，则可使售水价格降到5元/立方米以下。刘炳伟和刘伟杰等（2010）、冯逸仙（2010）对低温多效和反渗透海水淡化装置的比较结果表明：低温多效法的制水成本（约为7元/立方米）高于反渗透法（约为4元/立方米），因此，从经济性来看，应该首选反渗透海水淡化处理工艺。

影响海水淡化成本的因素较多，如海水水质、水温、海洋整体环境（开放性海域与封闭性海域）对海水淡化成本均有影响。低温多效法和反渗透法技术是当今两大主流海水淡化技术，其适用条件和适用范围不同，故并不能根据其生产成本高低来判别技术优劣性。随着技术的发展，海水生产成本也在不断变化。因此，研究海水淡化成本的具体数值本身意义不大，但是分析其成本构成及影响因素，寻找降低成本的途径，对于促进淡化水大规模利用十分重要。

（三）海水淡化与长距离调水的比较

Gordon F Leitner（1999）研究表明：管道引水工程距离250千米，引水规模136 000立方米/天时，所需的能耗与海水反渗透淡化能耗相同。世界银行水和环境卫生首席专家Androw Maucon（2000）对中东地区的海水淡化和长距离调水进行比较后表明：淡化水成本为0.7～0.9美元/立方米，管输进口水为1.5～2.5美元/立方米，海运进口水为0.7～1.4美元/立方米。无论是管输还是海运，只能算中程（几百公里）调水，若是远程调水，其费用还要高。这说明在中东地区海水淡化相较于长距离调水是经济的。不过应当注意，一方面中东地区能源丰富，价格低廉，海水淡化所需能耗成本较低；另一方面，其淡水资源极度稀缺，自来水价格较高。因此，不能将这些研究结论与我国的实际情况进行比较。

林斯清和于品早（2002）研究表明：远程引水不仅投资费高于海水淡化，而且能耗、运行费用也高于海水淡化，他们认

为，解决我国沿海城市缺水问题，除了立足远程引水外，也可考虑海水淡化。黄河和谢文静（2003）对海水淡化工程与调水工程进行比较后认为，海水淡化和调水工程各有优势，两者可以互为补充；海水淡化成本高于调水工程，近期在我国还不具备大规模推广的技术和经济条件，未来发展潜力较大，应纳入水资源统一规划中。屈函（2009）通过计算得到南水北调天津干线工程及配套工程供水成本水价为4.83元/立方米（采用全管涵一级加压方案，2005年数据），并援引相关研究成果进行比较后认为，海水淡化成本与南水北调引水工程相比，相差并不大，具有良好的发展前景。程海燕（2008）以大连市的引英工程（从距离大连市区114公里以外的英那河引水大连市）为例，对比分析了长距离调水与海水淡化工程，研究结果表明：现阶段海水淡化成本略高于长距离调水，从长远来看，海水淡化与长距离调水相比具有竞争优势。郝艳萍（2005）对山东省海水淡化与跨流域调水工程进行了对比分析，提出了要充分认识海水淡化的作用，制定优惠政策促进海水淡化产业发展。

可见，不同的研究人员对海水淡化与长距离调水经济成本的对比研究结果并不一致。近年来海水淡化技术发展迅速，南水北调工程的投资不断增加，因此有必要对两者进行再评估，特别是要从经济、环境、社会等方面进行全面比较。

（四）海水淡化的环境影响

已有研究成果表明，海水淡化对环境的影响主要包括两个方面：一是海水淡化能耗高，能量利用率低，造成能源浪费；二是浓海水直接排向海洋的环境影响。不同地区浓海水排放对环境的影响程度不同，这取决于海洋水体环境、海洋生物的敏感度以及海水淡化类型、规模、辅助设施等条件。对浓海水进行综合利用，实现海水淡化零排放，是降低环境影响的重要途径，而且具有相当高的经济效益（金春华和邵奎兴等，2008；程海燕，

2008；马学虎和兰忠等，2011；刘冬林和王海峰等，2012）。

（五）促进海水淡化产业发展的政策建议

刘洪滨（1995）总结了国内外海水淡化、海水直接利用的概况，认为采取适当政策，鼓励技术攻关，我国海水利用事业前景广阔。国家发展改革委宏观经济研究院课题组（2004）在对天津市和山东省海水淡化发展情况进行调研的基础上，提出了四条促进我国海水淡化产业发展的政策建议：提高海洋资源意识，降低淡水淡化成本，国家对海水淡化资源利用给予扶持和优惠政策，促进海水淡化设备制造业发展。杨尚宝（2006，2010，2012）对我国海水淡化产业发展现状、存在的问题及原因进行了分析，并提出了依靠科技创新、增强制造能力、强化示范试点、建设产业基地、建立标准与规范、制定相关政策、加强技术经济分析、强化宣传与交流合作等建议，其他学者也有类似观点（王世昌，2007；程海燕和栾维新，2008；刘冬林和王海锋等，2011）童金忠（2011）认为，投资成本和运行费用高是制约国内海水淡化市场发展的最主要因素，建议引入BOO（即建设—拥有—运营）投融资模式来促进我国海水淡化产业的发展。

部分学者针对天津市海水淡化产业发展进行了研究。屈涵（2009）的研究表明：滨海新区海水淡化水的主要用途应是工业企业用水，在未来也可直接用于市政生活供水。刘巧红（2009）建立了天津市滨海新区淡化水优化配置模型，研究表明：滨海新区应进一步优化用水结构，形成以集中大用户为主，分散小用户为辅的淡化水供水模式。周潮洪、韩旭等（2012）分析了天津市滨海新区海水淡化发展特点及存在的问题，提出了确定适当的海水淡化规模、加强管理、建立合理的运用方式和加快海水淡化水安全利用配套设施建设等建议。宋维玲（2012）分析了制约天津市海水淡化产业发展的因素，提出了将海水纳入国家水资源规划体系、设立国家海水利用重大专项、出台海水利用企业税收优惠政策、实施淡化水进入城市管网补贴政策、完善标准规范等建议。

这些政策建议从不同角度为天津市乃至我国海水淡化产业发展指明了方向，可以为本研究所借鉴。已有研究主要关注于宏观及中观层面，没有以具体案例为对象深入剖析海水淡化项目运营面临的政策及体制机制障碍，部分建议针对性和可操作性不强。

三、关于费用效益分析方法的研究进展

（一）费用效益分析的早期研究概况

费用效益思想起源于法国工程师杜普伊特（Jules Dupuit），1844年他发表《公共工程效用的衡量》一文，提出“消费者剩余”的思想，后来发展成为“社会净效益”的概念，成为费用效益分析（cost - benefit analysis，简称CBA）的基础。1936年美国联邦政府颁布的洪水控制条例要求：在进行项目设计时，要使产生的效益超过预算的费用。此后，美国把这种方法用于港口和内河航运等公共工程项目评价上。1939年以后，学术界致力于将CBA建立在福利经济学基础之上，提出了潜在的帕累托准则（或称为Kaldor - Hicks的补偿准则），其主要思想是如果某个项目或决策的受益者足够补偿损失者的损失，则不管这种补偿有没有实际发生，该项目或决策均应是改进社会福利的（N. Kaldor，1939；J. R. Hicks，1939）。1950年，美国联邦机构流域委员会发布《内河河流项目经济分析的实用方法》一书，首次将实用项目与福利经济学联系起来，更加突出了CBA用于公共工程项目评价的特点。

进入20世纪70年代以后，经济学家开始将CBA应用于环境污染控制领域。美国未来资源研究所（RFF）对环境保护领域的费用效益分析做出了较大贡献。如弗里曼（A. Myrick Free-

man）在 1979 年出版的《环境改善的效益》一书中描述了当时环境效益分析技术的状况。克尼斯（Kneese，1984）对美国部分区域的水污染、空气污染、酸雨的控制和改善进行了效益评估。克鲁蒂拉（John V. Krutilla）与费舍尔（Anthony C. Fisher）合著的《自然资源经济学：商品型和舒适型资源价值研究》一书，广泛用于指导公共项目投资和政策选择（John V. Krutilla & Anthony C. Fisher，1989）。

在国内，1981 年于光远在全国环境经济学术讨论上提出应对环境破坏造成的损失和环境工作的效益进行定量分析。刘鸿亮在《环境费用效益分析方法及实例》（1988）一书收录了当时国内环境费用效益分析的研究成果。张兰生等（1992）系统分析了 CBA 的发展历史、基本原理及基本步骤等。厉以宁和章铮（1992，1993）也在《环境保护》期刊上连续发表系列文章，详细介绍了 CBA 的基本概念、基本原理、评价指标及相关研究案例。由于 CBA 采用的是影子价格，对于市场机制不完善、价格机制扭曲的发展中国家尤为重要。受国际经济组织和发达国家对外援助机构推动，我国制定和颁布了《建设项目经济评价方法与参数》（1987），旨在解决水利工程、道路建设、环保工程等因价格扭曲而造成的评价失真问题。

（二）费用效益分析的研究动向

进入 21 世纪后，CBA 更多地被应用于评价环境法规、政策及规划。美国国家环境保护局制定了一系列关于政策的宏观经济分析和成本效益分析指南，并对重大环境政策进行了规范的经济评价。有关费用效益分析结果表明：美国的酸雨控制计划和《州际清洁空气条例》都以较低的成本获得了可观的环境与社会效益。《州际清洁空气条例》是旨在降低美国东部 28 个州和哥伦比亚特区空气污染的一项污染交易计划，第一阶段执行时间为 2009 ~ 2020 年，据测算，每增加 1 美元污染控制成本就会带来

20 多美元的效益；还可以实现污染物的协同减排，在减少二氧化硫和氮氧化物的同时，也将减少颗粒物、臭氧和汞等污染物的排放，带来巨大的环境效益和健康效益。对这些效益的量化分析已经对各种计划和政策实施产生了积极影响，并得到了公众的支持（任勇、周国梅等，2011）。

在国内，周颖（2004）对包钢及周边地区环境与经济协调发展规划和北京市污染治理公共财政资金使用情况进行了费用与效益分析。“中美联合经济研究——电力行业节能减排政策经济分析”项目组总结了两国电力行业节能减排的经验教训，研究开发了针对中国电力行业进行政策成本效益分析和宏观经济分析的定量分析方法和软件模型，对中国“十一五”期间电力行业节能减排政策（包括节能和 SO_2 减排）的费用与效益进行了预测性分析（任勇、周国梅等，2011）。而李红祥和王金南等（2013）则运用 CBA 对“十一五”期间 COD 和 SO_2 减排绩效进行了回顾性评价。马国霞和赵学涛等（2012）利用 CBA 评估了“十一五”期间贵州省 SO_2 减排绩效。国家环保部环境保护对外合作中心、环境规划院、挪威 Vista 分析中心等机构归纳总结了战略环评和费用效益分析方法在国内外环境规划领域的应用，编制了战略环评和费用效益分析方法应用指南及快速应用指南，并对云南省减排政策的费用和效益（效果）进行了测算（赵学涛和於方等，2012）。这些研究结果一致表明：中国节能减排政策的效益高于成本，节能减排成效显著。此类研究最大的缺陷在于费用计算不全面。例如，对于 SO_2 减排绩效的评价，其费用主要包括工业污染源治理、城市环境基础设施建设和污染治理设施运行费用三项。但是污染物减排是许多政策综合作用的效果，电力行业“上大压小”、淘汰落后产能是减少 SO_2 排放的重要手段之一，由此带来的资产损失、人员安置等成本却没有被考虑进去（当然，“上大压小”、淘汰落后产能的效果除了污染物减排以外，还有节能）。对 COD 减排的费用效益分析也存在类似问题。

部分学者对于一些环保工程和公共工程建设项目进行了费用效益分析。如对火电厂脱硫工程的费用效益分析（刘季江和蒋苏红，2006；金婷，2008；张胜寒和张彩庆等，2011），对大城市煤改气工程的费用效益分析（毛显强和彭应登等，2002），对公路环境影响评价方案必选的费用效益分析（张彤炬和傅大放，2007）以及对规模化养猪场的费用效益分析（王效琴和杜芙，2011）。这些研究主要是针对环境影响评价的费用效益分析，在方法的具体应用上存在一些问题，如将利息和税费等转移支付算作建设项目的费用，将社会贴现率与银行利率混淆，对某些资源性产品的价格没有采用影子价格等。这类研究一定程度上混淆了建设项目的财务分析（技术经济分析）和费用效益分析方法，已偏离了费用效益分析方法的基本原理。

此外，还有一个新的研究动向是对绿色建筑的费用效益分析。这方面的研究主要是将绿色建筑与传统建筑相比，分析其在节能、节水、节材、室内外环境质量改善及运用管理方面的成本与效益，从而揭示绿色建筑的优越性（侯玲，2006；李向华，2007；刘丽霞，2009；赵喆，2010）。这类研究已涉及绿色建筑带来的经济效益和环境效益、经济成本和环境成本，当然在环境效益的界定方面还有待进一步规范。另外，其计算的是与传统建筑相比的相对效益，没有对绿色建筑的总费用与总效益进行比较，无法评价建设项目自身的可行性。

综上所述，CBA 早期更多的应用于水资源管理、公路运输、环境污染控制等方面的公共工程项目，已形成规范的计算方法和程序，其效益应包括直接效益（经济效益）和间接效益（如环境效益），费用应包括直接费用（经济成本）和间接费用（如外部环境成本）。随着 CBA 往环境法规、政策及规划评价方向的发展，逐渐演变为了只计算经济成本和环境效益的一种方法，因为多数环境法规、政策及规划的间接费用和经济效益不明显，可忽略不计，也不存在影子价格确定、转移支付剔除等问题。由此，

导致近期一些对建设项目的费用效益研究偏离了其基本原理。由于存在价格扭曲、转移支付等因素，项目的总费用并不等于财务成本（效益）加上环境成本（效益）。因此，对外部性较强的建设项目进行费用效益分析是非常必要的。

四、研究进展综述

（一）缺少针对循环经济模式的经济与环境综合定量分析

关于循环经济模式的研究具有如下特点：一是定性研究多于定量研究。二是定量研究的方法主要是物质流分析，建立包括资源消耗强度、资源利用效率、污染物排放强度等指标在内的指标体系，对循环经济模式进行定量评价。三是缺少针对循环经济模式经济性的定量分析。理论研究已表明企业发展循环经济的根本动因是获取更大的经济效益，这直接关乎循环经济模式的稳定性。但是发展循环经济具有正外部性，且企业技术创新投入较大，企业参与循环经济的动因不足，需要政府出台相关政策进行激励。制度建设滞后已成为阻碍我国循环经济发展的重要因素。

费用效益分析方法（CBA）即是这样一种能够定量分析循环经济模式的经济成本与环境成本和经济效益与环境效益的方法，为政府进行相关制度安排提供依据，促进企业外部效益内部化、外部成本内部化，实现企业边际私人成本（效益）与边际社会成本（效益）的一致性，促进资源配置优化。

（二）缺少对海水淡化与长距离调水、地下水、再生水、雨水、海水直接利用等供用水方式的比较研究

海水淡化是增加淡水资源总量的新技术，电水盐联产循环经济模式有效降低了海水淡化的成本。那么，海水淡化与各种不同的供用水方式相比，其优缺点是什么？海水淡化在沿海及近海地

区是否能够替代长距离调水、再生水等供水方式？已有的研究成果尚无法给出回答，需要全面比较海水淡化与其他供用水方式的经济效益、环境效益和社会效益，以确定解决我国水资源危机的战略方向，明确海水淡化产业的发展定位和发展策略。

特别是海水淡化目前生产成本较高，迫切需要分析其成本构成，揭示影响其生产成本的因素，并对比各种供用水方式，分析海水淡化成本高的原因，为国家出台相关政策提供依据。由于我国海水淡化近几年来才得到迅速发展，过去已建成的海水淡化项目规模较小，一般规模在日产淡化水万吨以下，对这些小规模项目的研究结果可能并不适用于大规模的海水淡化项目。此外，许多研究成果是关于项目规划设计阶段的，对建成投产的项目缺少跟踪研究。上述原因导致已有的研究成果对海水淡化成本分析差别很大，迫切需要对已建成的大规模海水淡化项目进行深入分析。

（三）对电水盐联产循环经济发展模式运行面临的问题缺少跟踪研究

已有研究成果表明，天津北疆电水盐联产循环经济模式可以取得良好的经济效益、环境效益和社会效益，但主要是针对该模式各子项目规划设计阶段的预测性研究，且侧重于定性研究和物质流分析，对其经济性的定量研究较少。目前，该模式一期工程项目已全面建成投产，需要进行跟踪研究，深入分析该模式运行取得的成效、存在的问题、面临的政策及体制机制障碍。这不仅关乎参与企业的利益实现与持续发展，更关乎电水盐联产循环经济模式的推广应用，乃至对我国海水淡化产业发展都具有十分重大的影响。

（四）费用效益分析方法需要进一步完善

自 CBA 应用于环境保护领域以来，逐渐向评估法规、政策和规划等领域发展，而对建设项目的费用效益的全面评估越来越少，部分研究在一定程度上混淆了财务分析（技术经济分析）与费用效益分析方法，对费用与效益分析的边界界定模糊不清，研究结论缺乏说服力。另一方面，对外部环境成本和环境效益货币化计量的难度较大，也阻碍了费用效益分析方法在环境保护领域的应用。

CBA 在方法学上存在一些缺陷，如以货币指标作为决策的唯一依据过于简单，需要与物质量指标、定性描述等结合起来使用。尤其是费用效益分析注重整个社会福利的改善，对收入分配状况并不关心，忽略了公平性，故在费用效益分析中还需关注干系人的福利状况（金书秦、宋国君，2010）。

随着循环经济的发展，废弃物处置并不是只有环境效益而没有经济效益的一种措施。在某些项目中，如果技术选择得当，废弃物资源化利用的经济效益甚至比环境效益更大。因此，有必要全面分析此类建设项目的费用与效益。目前这方面还属于研究空白，尤其是缺少对循环经济模式的利益实现及分配问题的分析，即需要考虑干系人（利益相关者）在循环经济模式运行中福利所受的影响，从而揭示“循环不经济”的原因，为改革决策的实施奠定基础。

此外，企业决策主要以财务分析为依据，财务分析显示不能盈利的方案，企业是不会实施的。因此，对于外部性较强的建设项目应将费用效益分析与财务分析结合起来进行综合分析。

第三节　研究目标及意义

一、研究目标

评估天津北疆电水盐联产循环经济模式的经济与环境综合效益（成本），分析其存在的问题，面临的政策及体制机制障碍，提出完善和推广应用该模式的对策建议。

具体研究目标如下：

1. 研究电水盐联产循环经济模式的运行机制。主要包括：该模式的基本构成、产业共生关系、企业之间的合作机制、模式的物质流动机理及环境效果。

2. 构建循环经济模式的费用效益分析框架和计算方法。分析电水盐联产循环经济模式的费用与效益，从国民经济角度评价该模式的优劣性；对比分析电水盐联产循环经济模式的费用效益分析结果与实际运行情况的差异，揭示该模式运行中存在的问题，分析原因，寻找对策。

3. 研究海水淡化替代或部分替代常见供用水方式的可行性。从经济、环境、社会三方面对比分析电水盐联产循环经济模式下的海水淡化技术与长距离调水、地下水、再生水、雨水等常见供水技术的综合效益。

4. 总结分析电水盐联产循环经济模式运行中的关键共性问题及面临的体制机制障碍，提出完善该模式的对策建议，为模式的推广应用及促进我国海水淡化产业发展奠定基础。

二、研究意义

（一）本书研究具有较强的实践意义

我国已面临较为严峻的水资源危机，海水淡化是解决我国沿海地区、近海特大城市、海岛及内陆苦咸水地区水资源危机的重要途径。天津北疆发电厂已建成投产 20 万立方米/天海水淡化项目，是国内最大的淡化水生产企业，开创了淡化水大规模进入我国市政供水管网的先河。其运营情况、面临的体制机制障碍以及淡化水的成本、出路等，对于我国淡化水大规模民用化和工业化具有重要参照意义。另一方面，我国发展循环经济已有十余年，取得了较大成就，有力地促进了我国资源节约、环境保护和经济发展方式转变。但循环经济发展中还存在一些问题，循环经济制度建设滞后，部分循环经济项目经济效益差，社会出现了“循环不经济”的质疑。

因此，研究电水盐联产循环经济模式的运行机制、费用与效益、利益分配机制，评估海水淡化在技术、经济、环境等方面的可行性，分析电水盐联产循环经济模式面临的体制机制障碍，寻求解决对策，对促进该模式的持续健康运行具有重要意义，可以为其他地区或企业推广应用该模式提供借鉴，能够为政府有关部门制定水资源管理政策和海水淡化产业发展政策提供参考，对我国进一步推动循环经济发展也具有启示。

（二）本书研究具有较强的理论意义

从理论上看，可以为研究循环经济模式提供理论分析框架。本研究综合运用循环经济、产业生态学、产业集聚等理论，研究了电水盐联产循环经济模式的运行机制、费用效益、利益分配，提出了对策建议。该分析框架适用于其他循环经济模式的研究。

从方法学上看，本研究构建的循环经济模式的费用效益方法，不但可以用于分析电水盐联产循环经济模式，也可以用于分析其他循环经济模式的费用效益，从国民经济角度评估循环经济模式的可行性，还可以为政府部门决策提供依据、为企业投资决策提供参考。

第四节　研究方法与数据来源

一、研究方法

（一）理论研究

通过数据库和网络搜索相关文献，了解国内外关于循环经济

模式及海水淡化产业的研究进展，确定本书的研究重点。综合运用循环经济、产业生态学、产业集聚、外部性等理论，分析电水盐联产循环经济模式的基本构成、产业共生关系、利益相关主体的合作机制。采取物质流分析方法，研究电水盐联产循环经济模式的物质流动机理，分析该模式运行的环境效果。构建循环经济模式的费用效益分析框架和计算方法，对电水盐联产循环经济模式各子系统以及各项循环经济措施分别进行费用效益分析，将大部分环境效果货币化，为提出有关对策建议提供依据。

（二）调查研究

对电水盐联产循环经济模式涉及的天津北疆发电厂及相关企业进行多次实地调研，了解该模式运行现状、面临的问题，搜集企业财务报表、相关项目可行性研究报告、环境影响评价报告等资料和数据，对有关部门及专家进行访谈、咨询，为开展研究奠定基础（具体调研经过及有关资料和数据收集过程见附录四）。

（三）比较研究

对比研究电水盐联产循环经济模式下的海水淡化与长距离引水、再生水等多种供用水方式在经济、社会、环境方面的综合效益，评估海水淡化替代常见供水方式的可行性。

二、数据来源

本研究的数据主要从天津北疆发电厂及相关企业调研获得，部分数据通过国家统计局、天津市物价局、天津市水务局网站获得，主要包括：

1. 《天津北疆发电厂 2012 年度财务会计报告》，包含发电工程和海水淡化工程一期的运营数据。

2. 国投北疆环保建材有限公司 2012 年财务报表之利润表、

营业收入与营业成本表、技术经济指标表。

3. 北京国电华北电力工程有限公司，《天津北疆发电厂工程（一期）可行性研究报告》，2004 年 12 月。

4. 中国电力工程顾问集团华北电力设计院工程有限公司，《天津北疆发电厂工程（二期）可行性研究报告》，2012 年 12 月（本研究针对的是一期工程，但二期可研报告可作为参考，以验证相关数据的可信度）。

5. 天津市环境保护科学研究院，《天津北疆发电厂新建项目一期 2×1 000MW 机组工程环境影响报告书》，包括发电厂和海水淡化厂的环境影响评价，2004 年 12 月。

6. 北京国电华北电力工程有限公司，《天津北疆发电厂海水淡化专题可行性研究报告》，2004 年 12 月。

7. 天津市华森给排水研究设计院有限公司，《天津北疆电厂一期淡化海水送出工程》，2009 年 5 月。

8. 天津北疆发电厂，《北疆发电厂海水淡化生产经营情况及政策建议》，2012 年 11 月。

9. 天津北疆发电厂，《北疆发电厂循环经济项目工作汇报》，2012 年 11 月。

10. 武汉建筑材料工业设计研究院，《天津北疆发电厂年产 30 万立方米加气混凝土砌块工程可行性研究报告》，2008 年 10 月。

11. 中海油天津化工研究设计院，《天津长芦汉沽盐场有限责任公司浓海水提取工业溴技术改造工程项目环境影响报告书》及环评公示信息，2013 年 3 月。

12. 天津市经济发展数据和水资源消耗数据来源于《中国统计年鉴》（2006～2012 年）和《天津市统计年鉴》（2006～2012 年）。

13. 天津市城市自来水价格来源于天津市物价局网站，http：//www.tjprice.gov.cn/。

14. 天津北疆发电厂上网电价（2010～2013 年）从天津北疆

发电厂调研获得，并从天津市物价局网站对数据进行了核实。

第五节 研究思路与框架

第一，对本书的研究对象、研究问题和研究内容进行识别和界定。从现实情况（循环经济和海水淡化的发展现状、电水盐联产循环经济模式的运行现状及存在的问题）和学术研究进展两方面出发，明确了研究对象、目标、意义和需要研究的主要内容。

第二，对本书中需要应用的循环经济、产业生态学、产业集聚、费用效益分析、外部性等理论进行了梳理和总结。

第三，运用相关理论对电水盐联产循环经济模式的运行机制进行分析。研究发现：该模式具有显著的环境效果（效益），同时运行中还存在一些问题，如各子系统之间的物质链接关系有待优化，企业合作关系简单，海水淡化子系统出现亏损等。一方面，为完善电水盐联产循环经济模式找到了政策着力点；另一方面，具有显著环境效益的电水盐联产循环经济模式也可能会出现“循环不经济”的问题。因此，对电水盐联产循环经济模式进行费用效益分析很有必要。

第四，本书构建了循环经济模式的费用效益分析框架和计算模型，对电水盐联产循环经济模式的费用效益进行了分析。研究结果表明：电水盐联产循环经济模式的经济净现值为正，从国民经济角度看，该模式增加了社会福利。但是，费用效益分析结果与该模式实际运行情况却存在很大差异。发电子系统的费用效益分析结果为负的经济净现值，但在市场运行中却实现了较大的盈利；海水淡化子系统的费用效益分析结果为正的经济净现值，但在市场运行中却出现了亏损。利益分配机制不合理是造成这种现象的原因之一，发电厂产生了大量的外部环境成本，由社会承担；而海水淡化子系统没有获得相应的间接收益，其市场交易价格比影子价格低很多。

当然，海水淡化子系统出现亏损的原因是多方面的，作为一种增加淡水资源总量的新技术，其发展程度是否已经成熟？因此，本书接下来对比分析了海水淡化与长距离调水、地下水、再生水、雨水、海水直接利用等供用水方式在经济、环境、社会方面的综合效益。研究表明：海水淡化技术已相对成熟，可以与南水北调供水方式进行竞争；但由于投资、价格等政策等原因，导致淡化水生产成本高于城市现行自来水价格，淡化水大规模民用化还存在困难。

为此，本书继续分析电水盐联产循环经济模式（尤其是海水淡化）面临的体制机制障碍，结合国际经验，提出了推广应用该模式、促进海水淡化产业发展的对策建议。

第五，归纳研究结论和创新点，并提出下一步可以深入研究的方向。

第四章　电水盐联产循环经济模式的运行机制

第一节　电水盐联产循环经济模式的共生关系分析

一、电水盐联产循环经济模式的基本构成

天津北疆电水盐联产循环经济模式主要由五个子系统组成：发电、海水淡化、淡化水输送、制盐和固体废弃物综合利用（建材），其他参与者还包括自来水厂（供水企业），使用淡化水的居民和工业企业等。业界习惯将天津北疆电水盐联产循环经济模式称为电力行业发展循环经济的“北疆模式”，实际上，该模式是一个横跨电力、海水淡化、制盐、建材等领域的跨行业循环经济模式。如图 4 - 1 所示。

（一）发电子系统

发电子系统在循环经济链条中处于龙头地位，以其带动海水淡化、浓海水制盐等后续产业链条。规划建设 6 × 1 000MW 燃煤发电超超临界机组，一期 2 × 1 000MW 超超临界、一次中间再热、抽凝式发电机组已经投产。

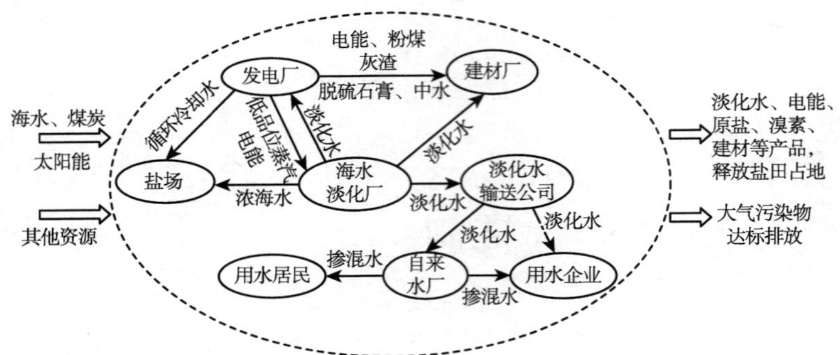

图4-1　天津北疆电水盐联产循环经济模式的基本构成

注：1. 掺混水指淡化水与自来水的混合水，淡化水水质纯净，不能长期直接饮用。

2. 虚线表示目前正在协调的供水方式，尚未实现。

燃煤发电的基本原理是：燃料在锅炉中燃烧加热，使水变成蒸汽，蒸汽压力推动汽轮机旋转，汽轮机带动发电机旋转，将机械能转变为电能，经升降压变压器输送到电网。

（二）海水淡化子系统

海水淡化子系统规划建设40万立方米/日的海水淡化装置，一期20万立方米/日装置已建成投产。

大型海水淡化项目的工艺过程一般包括海水预处理、淡化（脱盐）、淡化水后处理等。其中，预处理是指在海水进入淡化装置之前对其所做的必要处理，如添加药剂等。脱盐是通过某种方法除掉海水中的盐分，是整个海水淡化系统的核心部分，这一过程除要求高效脱盐外，通常还需要解决设备的防垢与防腐问题。后处理是针对不同的用户要求，对淡化水进行水质调控和贮运等处理。

天津市地处环渤海区域，冬春季节水温低，一年中水温有5~6个月在10℃以下。对于反渗透法海水淡化，温度过低将会

增加预处理难度，膜的通量也大幅度下降，冬天甚至可降低30%～40%。这不仅会增加淡化水的成本，还会影响膜的使用寿命。一般来说，在此气候条件下国外也几乎不进行反渗透法海水淡化。此外，天津渤海海域由于污染问题，海水水质较差，会增加反渗透法预处理成本。因此，综合考虑投资和运营成本、建设规模、能耗、海水水质、环境条件等因素，天津北疆发电厂选择了低温多效蒸发海水淡化技术，并与发电厂实行电水联产，其基本工艺流程如图4－2所示。

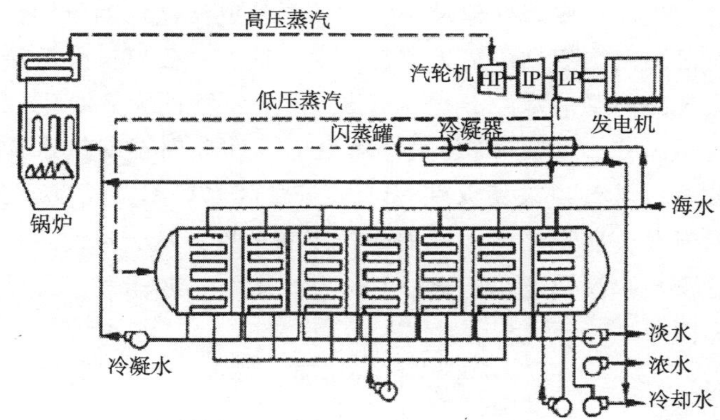

图4－2　电水联产工艺流程示意图

资料来源：戴富林和戴健，2009。

（三）淡化水输送子系统

淡化水输送子系统将淡化水输送到天津滨海区部分自来水厂，实现与市政供水管网联网。目前，海水淡化厂已实现与汉沽水厂、天津经济技术开发区水厂（又称“开发区水厂”“泰达水厂”）联网。按照原先的规划，下一步将与塘沽新河水厂（以下简称“新河水厂”）和塘沽新区水厂（以下简称“新区水厂”）衔接，为中新天津生态城、天津经济开发区、塘沽等区域提供淡化水。但由于目前淡化水成本高于城市自来水价格，淡化水全部进入市政管网还存在一定困难，天津北疆发电厂正在有关部门的协调下调整供水方案。

1. 淡化水输送方案设计。

淡化水生产出来以后，先进入加压泵站，然后进入专用输送管线，末端分别进入汉沽水厂、开发区水厂、塘沽新区水厂、塘沽新河水厂。具体如下：

由于天津北疆发电厂送出水的压力不足，需要在输水管道起点，北疆发电厂围墙外建设一座加压泵站。淡化水加压后沿海滨大道至汉蔡路与规划中央大道交口 B，长度 8 公里；然后沿汉蔡路、大丰路向汉沽水厂 D 分水，长度 11 公里；从 B 点沿规划中央大道至 E 点，长度 20 公里；然后沿杨北公路至新区水厂，长度 3 公里；从 E 点沿塘汉快速，至开发区水厂 G，长度 3 公里；然后沿新北公路至新河水厂 H，长度 9 公里。从天津北疆电厂 A 至汉蔡路与津汉快速二期交口 C，为淡化水二期输送工程路由方案。如图 4－3 所示。

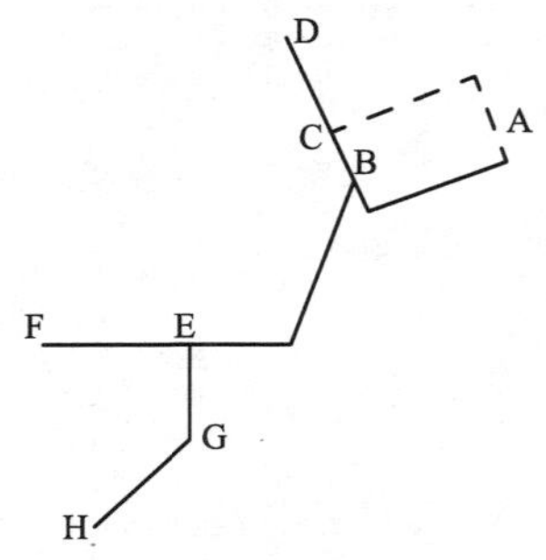

图 4－3　天津北疆淡化水输水路径示意图（规划）

注：A 为天津北疆发电厂；B 为汉蔡路与规划中央大道交口；C 为汉蔡路与津汉快速二期交口；D 为汉沽水厂；E 为杨北公路与塘汉快速交口；F 为新区水厂；G 为开发区水厂；H 为新河水厂。

资料来源：天津市华淼给排水研究设计院有限公司，北疆电厂淡化海水输送工程可行性研究报告，2009。

2. 配套系统建设。

我国市政供水管网多为铸铁管，淡化水是软水，硬度、碱度、pH 都较低，如果不进行处理，将会溶解市政供水管网管道内壁的保护性垢层。因此，淡化水进入管网前必须进行水质稳定处理（包括加入药剂、与自来水掺混等措施），以控制水的腐蚀性，使之与市政供水管网兼容。

天津北疆发电厂淡化水经专用管网输送到汉沽水厂后，要通过在线仪表检测 pH 值、电导率、水温、浑浊度等指标。如果水质符合标准，则接收进清水库；如果水质不符合进库标准，则分流到预沉池，直至水质达标后再进入清水库。同时，要结合送水量、清水库液位及地表水制水量等参数，调节淡化水进库流量的配比，目前采用的方案是淡化水与自来水按 1∶3 比例掺混。考虑到饮用水标准中的矿物质含量有利于人体健康，还要对淡化水进行“矿化”，提高水的碱度和硬度，从而将酸碱度、硬度调整到最佳状态。

为保障供水水质，淡化水在进入清水库前需要监测以上指标，经调值掺混后再次检测，同时每天进行常规指标的日常检测，以保证出厂水及管网水水质达到国家标准。

（四）浓海水制盐子系统

制盐子系统将海水淡化后的浓海水（20 万立方米/天）和发电厂的循环冷却水（5 万～6 万立方米/天）引入附近的汉沽盐场，取代原料海水，用于制盐及发展盐化工产业。浓海水提取溴素后继续蒸发成饱和卤；饱和卤分别进入结晶池和真空制盐生产线，生产原盐和精制盐；制盐母液继续生产氯化钾、氯化镁等化工产品。至此，浓海水中所含的各类无机盐全部被提取分离出来，“吃干榨尽”，无废液排向渤海湾水体。目前，汉沽盐场已实现利用浓海水制取溴素和原盐，下一步将延伸产业链，发展下游盐化工产业。如图 4－4 所示。

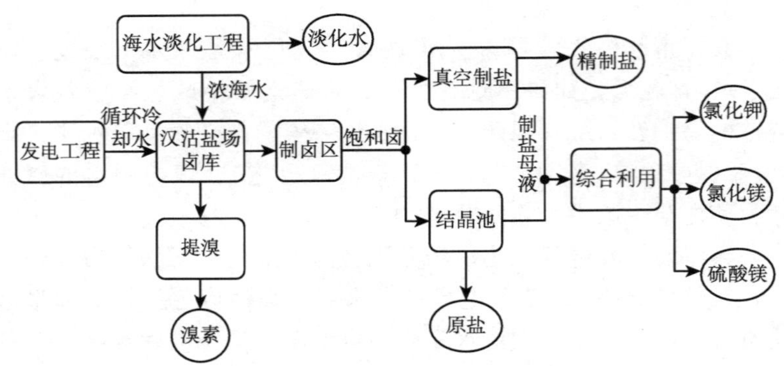

图 4－4　天津北疆电水盐联产循环经济模式的浓海水综合利用示意图

（五）固体废弃物综合利用子系统

固体废弃物综合利用子系统对发电厂产生的粉煤灰、炉渣和脱硫石膏等进行综合利用，生产水泥、加气混凝土砌块等建材产品。目前，天津北疆发电厂只利用小部分粉煤灰渣和脱硫石膏生产 30 万立方米/年的加气混凝土砌块，其余大部分粉煤灰渣和脱硫石膏出售给市场上其他建材企业。如图 4－5 所示。

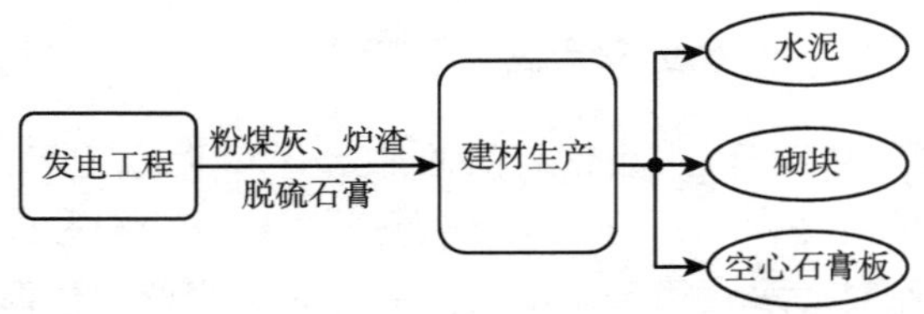

图 4－5　天津北疆电水盐联产循环经济模式的粉煤灰渣综合利用示意图

二、电水盐联产循环经济模式从空间上看是一个虚拟型生态工业园区

电水盐联产循环经济模式以发电和海水淡化为核心，通过余

热、循环冷却排水、浓海水、粉煤灰渣和脱硫石膏、再生水等废弃物和副产品的资源化利用，以及淡化水、电能产品的利用，将各参与者紧密联系在一起，形成了一个较为稳定的产业共生系统，从空间范围上看是一个虚拟型生态工业园区。

（一）发电子系统与其他子系统的共生关系

发电子系统通过低品位蒸汽、循环冷却排水与海水淡化子系统形成链接关系；通过粉煤灰、炉渣、脱硫石膏与固体废弃物综合利用子系统形成链接关系。如图 4－6 所示。

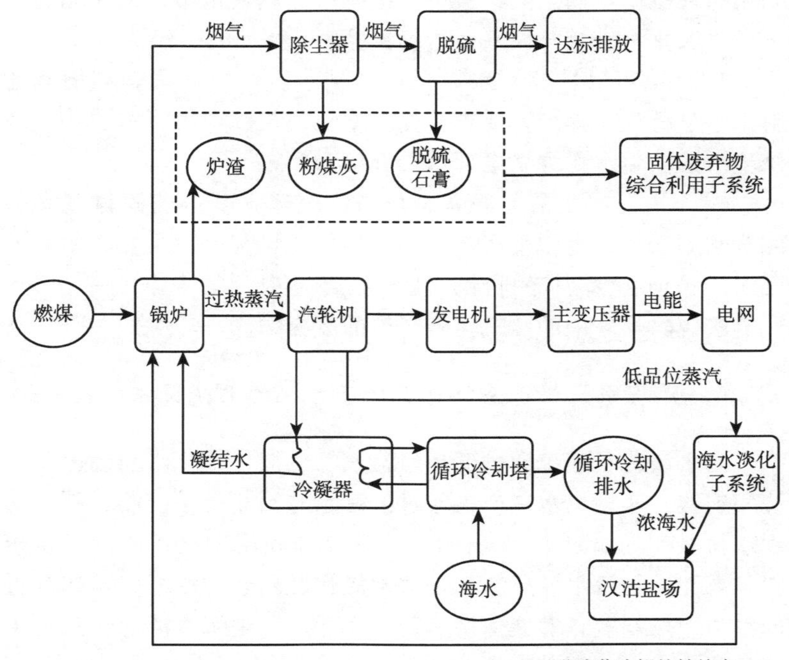

图 4－6　发电子系统与其他子系统的链接关系示意图

1. 发电厂的低品位蒸汽（乏汽）用于海水淡化工程，蒸汽压力0.40MPa，蒸汽温度250℃。

2. 发电厂排放的循环冷却水（又称为“温排水”）用作浓海水制盐子系统的原料水。火电厂要使用大量的循环冷却水，这些冷却水主要是通过汽轮机的冷凝器，将做过功的乏汽冷却成凝结水，再次进入锅炉系统，生成过热蒸汽，送入汽轮机，从而实现锅炉水的循环利用。天津北疆发电厂采用带海水冷却塔的二次循环供水系统，每天向循环水系统补充一定量的原海水，并排放一定量的升温后海水，以弥补蒸发损失和降低冷却水温度。为充分利用循环冷却水的余热，避免直接排海造成热污染，天津北疆发电厂将温排水直接排向汉沽盐场制盐。

3. 发电厂锅炉补给水需要用高纯水，一般做法是利用普通自来水进行加工提纯，成本较高，本模式直接利用海水淡化子系统生产的淡化水作为发电厂锅炉补给水。

4. 发电厂产生的粉煤灰、炉渣、脱硫石膏排向固体废弃物综合利用系统，用作生产建材的原料。粉煤灰是除尘器收集到的飞灰，炉渣由锅炉底排除，脱硫石膏是采用“石灰石—石膏”脱硫法脱除烟气中的二氧化硫产生的废弃物。

（二）海水淡化子系统与其他子系统的共生关系

海水淡化子系统通过低品位蒸汽、电能、淡化水与发电子系统相连接，实现电水联产；通过浓海水与制盐子系统相连接，实现水盐联产。如图4－7所示。一是充分利用发电厂的低品位蒸汽和电能进行海水淡化。二是海水淡化后剩余的浓海水排向附近的汉沽盐场制盐，发展下游盐化工产业。三是海水淡化子系统生产的淡化水，少部分用于发电厂锅炉补给水，大部分（18万立方米/日）可向社会输送。

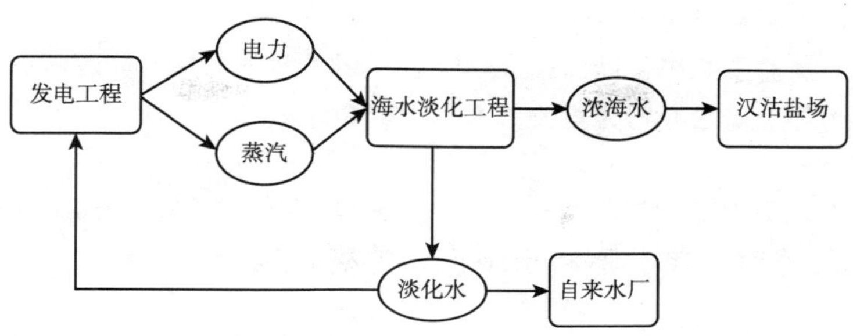

图 4-7 海水淡化子系统与其他子系统链接关系示意图

（三）淡化水输送子系统与其他子系统的共生关系

淡化水输送是海水淡化子系统的配套工程，解决淡化水输送向社会的问题，一端连着海水淡化厂，一端连着千家万户居民。电水盐联产循环经济模式淡化水输送工程的建设与运营，开创了国内淡化水大规模进入民用领域的先河。如图 4-8 所示。

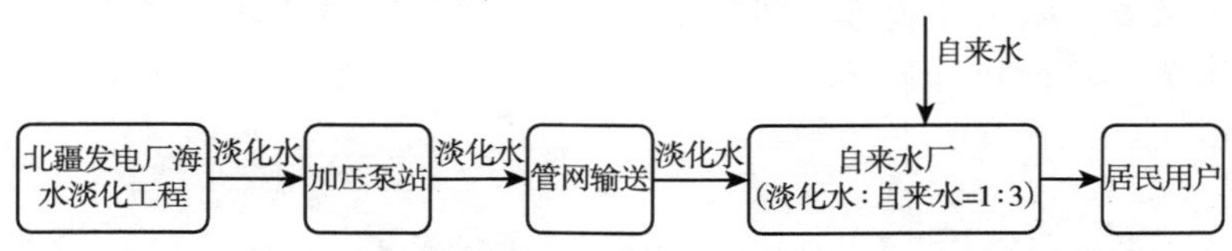

图 4-8 淡化水输送子系统与其他子系统链接关系示意图

（四）制盐子系统、固体废弃物综合利用子系统与其他子系统的共生关系

制盐子系统通过浓海水与海水淡化子系统相连，通过循环冷却水与发电子系统相连，充分利用太阳能将全部浓海水综合利用。

固体废弃物综合利用子系统通过消化利用发电厂的粉煤灰渣、脱硫石膏及再生水，从而与发电子系统相连接；通过利用淡化水与海水淡化子系统相连接。

制盐子系统及固体废弃物综合利用子系统承担着分解者的角色，都是以废弃物为主要原料生产产品。

三、电水盐联产循环经济模式的利益相关主体合作机制相对简单，不利于该模式的稳定运行

电水盐联产循环经济模式的利益相关主体不仅包括各生产企业，还涉及用水和用电企业，以及政府、社会公众等角色。生产企业之间、生产企业与用户之间的共生关系直接影响整个电水盐联产循环经济模式的稳定性。

1. 生产企业。

发电和海水淡化由天津国投津能发电有限公司（即天津北疆发电厂）负责建设和运营管理；淡化水输送、浓海水制盐、粉煤灰渣制建材分别由天津市华泰龙淡化海水有限公司、天津长芦汉沽盐场有限责任公司（即汉沽盐场）、国投北疆环保建材有限公司负责建设和运营管理。这些企业又有相应的投资方，如表4－1所示。

表4－1　天津北疆电水盐联产循环经济模式涉及的生产企业

子系统名称	建设和运营企业	投资方
发电和海水淡化	天津国投津能发电有限公司	国家开发投资公司、天津市津能投资公司和天津长芦汉沽盐场有限责任公司分别以64%、34%、2%出资组建
淡化水输送	天津市华泰龙淡化海水有限公司	天津市自来水集团、泰达控股公司和天津龙达水务公司分别以50%、30%、20%出资组建

续表

子系统名称	建设和运营企业	投资方
制盐	天津长芦汉沽盐场有限责任公司	隶属于天津渤海化工集团公司
固体废弃物综合利用	国投北疆环保建材有限公司	天津国投津能发电有限公司的全资子公司

2. 用水（电）企业和居民。

海水淡化厂的淡化水通过淡化水输送公司到达自来水厂，再通过自来水厂送到天津滨海新区的居民用户和工业企业。此外，发电厂的电能输送到电网，由电网送向居民用户和工业企业。

3. 政府。

政府是电水盐联产循环经济模式的倡导者和推动者，同时也是监管者。

4. 社会公众（主要是天津市滨海新区的居民）。

周边居民在电水盐联产循环经济模式中属于被动参与者，一是使用自来水厂提供的淡化水，二是被动承担发电厂产生环境污染。

在电水盐联产循环经济模式中，天津国投津能发电有限公司（包括发电厂和海水淡化厂）是关键企业，即“大型轴心公司”（anchor），如同生物群体中的关键种，能够起到辐射带头的作用，分别向循环经济产业链上的其他企业提供余热、粉煤灰渣、再生水、浓海水等废弃物或副产品，通过技术创新，变废为宝，生产出电能、淡化水、建材、原盐、溴素等产品，并提供给周边企业或居民，实现效益增值。但是，海水淡化厂目前处于亏损状态，依靠发电厂的盈利进行弥补，维持整个模式的运行，从长远来看不具备可持续性。

从企业之间的合作机制来看，一是发电厂和海水淡化厂均由天津国投津能发电有限公司（即天津北疆发电厂）建设和运营管理，固体废弃物综合利用由天津国投津能发电有限公司的全资子公司负责建设和运营管理，因此，发电、海水淡化和固体废弃物综合利用三个子系统非常稳定。二是浓海水制盐子系统由汉沽盐场负责建设和运营管理，相对于其他企业，汉沽盐场是一个“老企业”，在电水盐联产循环经济模式规划设计之前已经运营多年，因而在谈判中处于主动地位，其最终结果是汉沽盐场不但可以免费使用浓海水，还获得了天津北疆发电厂2%的股权。由此，天津北疆发电厂将部分利益让渡给了汉沽盐场，但同时也加强了企业之间的合作关系，增强了电水盐联产循环经济模式的稳定性。三是淡化水输送企业和自来水厂是在地方政府的协调下参与电水盐联产循环经济模式，由于淡化水生产成本高于天津市自来水水价、水务管理体制等原因，淡化水输送企业和自来水厂并不愿意接收，亏损部分目前采取挂账方式处理，等待政府解决。淡化水进入市政管网，改变了城市水务市场原有的利益分配格局，必然受到一定阻碍。

可见，在电水盐联产循环经济模式中，各企业之间的合作关系相对比较简单，为了增强该模式的稳定性，必须要进一步加强生产企业、输水企业、用水企业之间的合作。上网电价、淡化水价格、自来水价格及水务管理体制是影响电水盐联产循环经济模式稳定性的重要因素。

第二节　电水盐联产循环经济模式的物质流及环境效果分析

电水盐联产循环经济模式资源消耗相对较少，生产过程资源高效利用、能源梯级利用和废弃物资源化利用，在输出大量淡水、电能、原盐、溴素、建材产品的同时，节约了盐田占地，对外实现了废水、浓海水、固体废弃物“零排放”和废气达标排放，如图4－9所示。

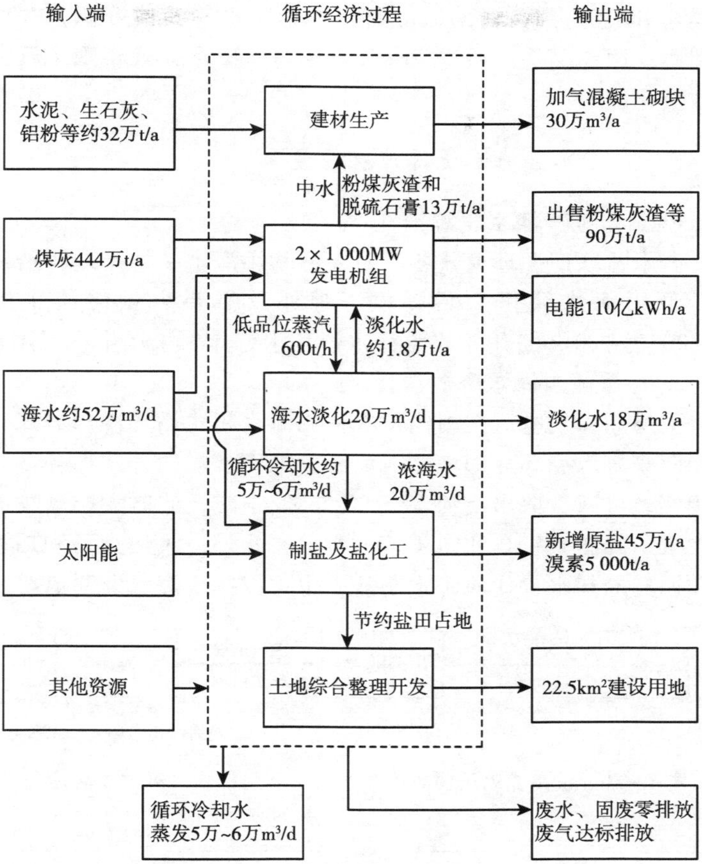

输入端　循环经济过程　输出端

水泥、生石灰、铝粉等约32万t/a → 建材生产 → 加气混凝土砌块30万m³/a

中水　粉煤灰渣和脱硫石膏13万t/a

煤灰444万t/a → 2×1 000MW发电机组 → 出售粉煤灰渣等90万t/a

电能110亿kWh/a

低品位蒸汽600t/h　淡化水约1.8万t/a

海水约52万m³/d → 海水淡化20万m³/d → 淡化水18万m³/a

循环冷却水约5万~6万m³/d　浓海水20万m³/d

太阳能 → 制盐及盐化工 → 新增原盐45万t/a 溴素5 000t/a

节约盐田占地

其他资源 → 土地综合整理开发 → 22.5km²建设用地

循环冷却水蒸发5万~6万m³/d

废水、固废零排放 废气达标排放

图4－9　天津北疆电水盐联产循环经济模式的物质流（含能量流）示意图

一、输入端资源消耗减量化

从输入端来看，电水盐联产循环经济系统需要消耗海水52万立方米/天，煤炭444万吨/年，水泥、生石灰、铝粉等32万

吨/年，以及药剂、辅助原材料、少量淡水等其他资源，并可充分利用太阳能晒盐。通过发展循环经济，整个模式实现了资源消耗减量化。

（一）淡水和海水资源消耗减量化

1. 尽量减少淡水资源消耗。

电水盐联产循环模式各项目充分利用海水，生产过程所用淡水全部由海水淡化项目提供，对外只需要少量的淡水资源(1 200 立方米/天)用于掺混海水淡化水，作为工厂生活区用水。

2. 尽量减少海水资源消耗。

天津北疆发电厂在国内首次采用海水闭式循环冷却方式，建设了两座海水循环冷却塔。与滨海发电厂常规的开式循环冷却方式相比，可减少取水量约 17. 7 立方米/小时，同时大幅减少海水排放量，如图 4－10 和图 4－11 所示。此外，汉沽盐场利用浓海水和循环冷却水替代原海水制盐，也可以减少海水资源消耗。

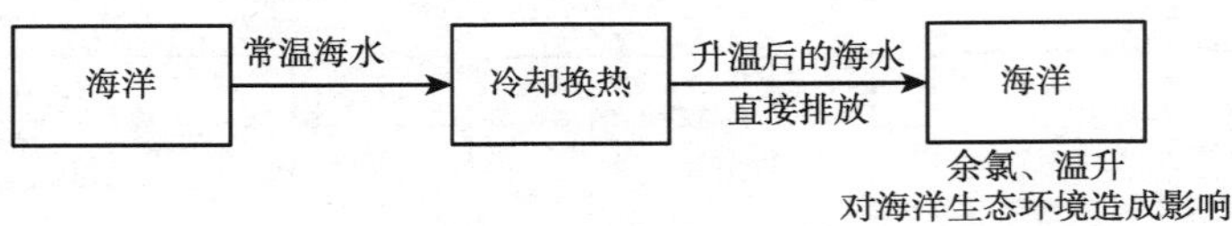

图 4－10　滨海发电厂循环冷却水常规利用模式（开式循环冷却）

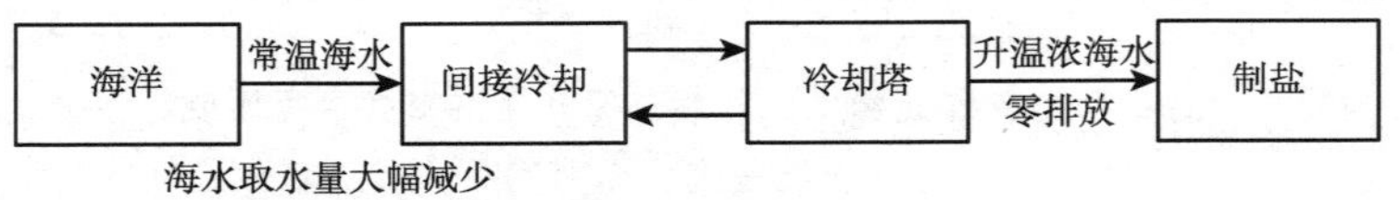

图 4－11　天津北疆发电厂循环冷却水利用模式（闭式循环冷却）

（二）燃煤使用减量化

天津北疆发电厂采用目前国际上先进的“高参数、大容量、

高效率、低污染”超超临界发电技术，燃煤效率高，供电煤耗低，热效率高，具有显著的节能环保效果。天津北疆发电厂供电标准煤耗为290克/千瓦时，而2012年中国6 000千瓦及以上火电机组平均供电标准煤耗为325克/千瓦时。与国内平均水平相比，生产相同的电量（110亿千瓦时/年），北疆发电厂每年减少燃煤消耗38.5万吨标煤。

二、生产过程资源高效利用

从生产过程来看，海水淡化厂利用发电厂的余热进行生产，发电厂利用淡化水作为锅炉补给水；浓海水、循环冷却排水作为生产原盐和溴素的原料；粉煤灰渣和脱硫石膏、再生水用于生产建材。同时，模式内部的各参与企业均使用发电厂的电能和海水淡化厂的淡化水。由此，电水盐联产循环经济模式的生产过程实现了资源高效循环利用、能源梯级利用和废弃物资源化利用。

（一）能量梯级利用

1. 电水联产提高能源利用效率。

由于电水联产，充分利用了发电厂的低品位蒸汽（余热），天津北疆发电厂综合热效率由纯凝工况下的45.2%提高到56.5%[①]；供电标准煤耗为290克/千瓦时，比同类型的超超临界机组还低约5个百分点，处于同类机组领先水平；每生产一吨淡化水可利用废热181 153千焦，相当于节约标煤6.72千克，年节约标煤44万吨。如表4-2所示。

① 热效率指锅炉输出的热量与输入的热量之比，表明了锅炉利用热量的有效程度。

表 4-2　　天津北疆电水联产余热利用测算表

项目	取值
汽轮机额定排汽焓	2 355kJ/kg
造水比	13
锅炉效率	93.8%
管道效率	98%
标煤热值	29 307 kJ/kg
吨水用汽	1 000/13 = 76.923 kg
吨水利用废热	76.923 × 2 355 = 181 153kJ
吨水利用废热节煤	181 153/（93.8% × 98%）/29 307 = 6.72kg

2. 水盐联产、电盐联产使余热得到充分利用。

海水淡化后的浓海水冬季水温为 35 ~ 36℃、夏季水温为 35 ~ 40℃，发电厂的循环冷却水冬季水温 30℃左右、夏季水温为 35℃左右，均高于原海水温度。利用浓海水和循环冷却水制盐，可以充分利用其中的余热，提高能源利用效率。

（二）海水资源最大化开发利用，节约盐田占地

海水输入电水盐联产循环经济系统后，一部分用于发电厂的循环冷却水，一部分用于海水淡化厂，然后再用于汉沽盐场制盐和提取溴素，并且还可以生产钾盐、镁盐，发展下游盐化工产业，将输入的海水资源“吃干榨尽”，实现最大化开发利用。同时，浓海水和循环冷却盐度和温度都比原海水高，用于制盐，可以提高制盐效率，增加原盐和溴素产量，节约（释放）盐田占地 22.5 平方公里（相当于汉沽盐场总面积的 17%），可为天津滨海新区提供宝贵的建设用地。而天津北疆发电厂（包括海水淡化、建材厂）自身占地仅 2.2 平方公里。

（三）对发电厂废（污）水集中处理后回用

将工业废水处理后回用于脱硫、输煤冲洗和煤场喷洒等，生活污水处理后回用于道路绿地喷洒，多余的再生水出售给固体废弃物综合利用子系统，用于生产建材，每年可利用再生水 66 万立方米。

（四）对粉煤灰渣和脱硫石膏进行综合利用

粉煤灰渣和脱硫石膏一部分由国投北疆环保建材有限公司用于生产加气混凝土砌块（30 万立方米/年），一部分出售给周边建材企业。并且根据市场行情，国投北疆环保建材有限公司会调整其生产量，以确保粉煤灰渣能及时全部消化利用。

三、输出端废物排放减量化，并输出大量淡化水、电能、原盐、建材等产品

从输出端来看，电水盐联产循环经济系统输出的产品为：淡化水 18 万立方米/年，电能 110 亿千瓦时/年，加气混凝土砌块 30 万立方米/年，新增原盐 45 万吨/年、溴素 5 000 吨/年，节约（释放）盐田占地 22.5 平方公里，实现废水、浓海水、固体废弃物“零排放”和废气达标排放，尽量降低环境影响。

1. 废（污）水处理后全部得到利用，实现了“零排放”，每年至少减排废（污）水 66 万立方米。

2. 浓海水和循环冷却水排向汉沽盐场制盐，可减排浓海水 20 万立方米/日、减排循环冷却水 10 万立方米/日，实现了对海洋水体的“零排放”，避免了对海洋生态环境的热污染、盐污染和药剂污染等。

3. 粉煤灰渣和脱硫石膏全部及时得到利用，减少堆存污染，实现了固体废弃物“零排放”，每年减排粉煤灰 77 万吨、炉渣

8. 5 万吨、脱硫石膏 17 万吨。

4. 与国内平均水平相比，生产相同的电量（110 亿千瓦时/年），天津北疆发电厂每年少消耗燃煤 38. 5 万吨标煤，相当于减排二氧化硫 9 240 吨、氮氧化物 3 465 吨、烟尘 45 430 吨、二氧化碳 110. 9 万吨（具体计算过程见附录二），被国家发展改革委批准为清洁发展机制（CDM）项目，同意转让项目产生的温室气体减排量（总量不超过 235 万吨二氧化碳当量，至 2012 年）。

5. 对发电厂的烟气进行除尘、脱硫和脱硝，实现烟尘、二氧化硫、氮氧化物的达标排放。天津北疆发电厂建设之初就安装了污染治理设施，烟气除尘采用高效静电除尘器，除尘效率约 99. 8%；脱硫采用石灰石—石膏湿法，脱硫效率约 96%；脱氮采用低氮燃烧器，脱硝率 80% 以上，达到了国内先进水平。

当然，由于发电厂使用煤炭为原料，虽然大气污染物已实现达标排放，但其排放总量仍然相当大，按照年发电 5 500 小时（发电量 110kwh）计算，天津北疆发电厂排放的二氧化硫、氮氧化物、烟尘分别为 3 120 吨、6 000 吨、750 吨，尤其是二氧化碳排放量高达 919 万吨/年（具体计算过程见附录二）。可见，进一步控制发电厂的大气污染是非常必要的，是优化电水盐联产循环经济模式的方向之一。

四、辐射带动作用显著

电水盐联产循环经济模式对周边经济发展产生了较大的辐射带动作用。原汉沽区规划利用本项目产生的电、水、盐、灰渣以及释放的盐田占地等资源和能源建设相关配套产业及公用工程，延伸产业链，打造循环经济示范区，力争将其建设成为京津冀、环渤海地区的能源、资源供给基地和新材料生产基地，使其成为汉沽经济社会发展的重要推动力。

电水盐联产循环经济模式对天津地区及河北唐山等地产生了

极大的示范效应，有力地促进了这些地区海水淡化产业及制盐业的发展，如河北曹妃甸工业园区规划采用电水盐联产循环经济模式生产淡化水，除了满足区内大型企业用水需求外，拟大规模输送到北京，作为南水北调工程的重要补充，缓解北京市严重缺水的局面。

天津北疆发电厂及其他参与企业，通过对大量先进适用技术的引进、消化、吸收、集成等，形成了自身的循环经济技术支撑体系。例如，海水淡化项目采用的低温多效蒸馏设备，通过国内外联合设计，实现了从设备加工、本体材料及转动机械选择、控制系统等方面的国产化，从而降低了工程造价及制水成本。在国内首次采用海水冷却塔，减少海水取用量和排放量。研发了淡化水掺混技术，使传统铸铁管网能够输送淡化水而不被腐蚀。这些技术创新与工程实践将为海水淡化、电力、制盐等行业及其他相关行业发展循环经济提供示范与借鉴。

第五章　电水盐联产循环经济模式的费用效益分析

第一节　循环经济模式的费用效益分析框架与计算方法

一、循环经济费用效益的分析思路

什么是循环经济模式的费用与效益？现有研究成果尚未明确给出界定。企业发展循环经济的诸多措施中，有些具有显著的循环经济特征；有些循环经济特征并不明显，但却是构建循环经济模式必不可少的组成部分。如电水盐联产循环经济模式中，发电厂余热供给海水淡化厂、粉煤灰渣供给建材厂，海水淡化厂的浓海水供给汉沽盐场，很明显属于发展循环经济的措施。这些余热、固废、废液的利用，必须依托于主产业链（发电、海水淡化、制盐、建材），而主产业链上的项目并不一定都是环境友好的，比如发电厂排放大量大气污染物。此外，产业链上每个项目内部也可进行减量化、再利用及资源化等循环经济活动。因此，要准确界定循环经济活动（措施）的费用效益是很难的。本研究尝试以两种计算方法来衡量发展循环经济的费用与效益。

第一种是总量法。分析循环经济模式中各项目的总费用与总

效益，总效益减总费用即为循环经济模式的经济净现值，经济净现值为正，则说明模式整体上增加了社会福利，各项目整体上可行。在电水盐联产循环经济模式中，就是分别计算发电、海水淡化、淡化水输送、制盐、固体废弃物综合利用五个子项目的费用与效益，以及电水盐循环经济模式的辐射带动效益，然后求和得到电水盐联产循环经济模式的总费用与总效益，衡量电水盐联产循环经济模式的可行性。

第二种是横向比较法。首先识别企业或项目采取的循环经济措施，再选取比较基准，分别计算评价对象与比较基准的费用与效益，然后进行比较，从而评估企业或项目在发展循环经济方面所做的贡献。就电水盐联产循环经济模式而言，分析思路是：先识别电水盐联产循环经济模式中的各项循环经济措施，然后将每项循环经济措施与比较基准进行比较，分别计算出效益增量和费用增量，再计算经济净现值增量，衡量各项循环经济措施的可行性。

总量法和横向比较法从不同侧面分析循环经济模式的优劣性。以总量法分析循环经济模式中各项目的费用与效益，实际上是与不建设该项目进行比较，经济净现值为正，则说明项目总体可行。横向比较法分析循环经济措施的费用与效益，并与比较基准（如国内平均水平）进行比较，从而评价各项循环经济措施的优劣。总量法与横向比较法相结合，不但可以评价循环经济模式（项目）的可行性，还可以揭示该模式（项目）在同类项目中的相对水平，全面评估发展循环经济对社会福利的影响。

二、计算方法一（总量法）：关于循环经济模式各子系统的费用效益分析

（一）总费用与总效益现值的计算

总费用现值 = 循环经济模式中每个项目的费用之和

总效益现值 = 循环经济模式中每个项目的效益之和
+ 其他效益

循环经济模式的净现值 = 总效益现值 - 总费用现值
= 各项目的净现值之和 + 其他效益

设 $EPVC_T$ 为循环经济模式的净现值，EPVC 为某项目的净现值，PVC 为该项目的费用现值，PVB 为该项目的效益现值，PVBs 为其他效益，则

$$ENPV_T = PVB_S + \sum EPVC$$
$$= PVB_S + \sum (PVB - PVC) \tag{5.1}$$

PVBs 是指发展循环经济对周边产业发展的示范带动作用、技术溢出效益、促进就业等，代表了发展循环经济各种措施产生的协同效应，它说明发展循环经济的效益并不仅仅是各种资源环境效益的简单叠加。VBs 一般难以定量计算，视具体情况而定。

以下分析 PVC 和 PVB 的计算方法：

设 C_i 为循环经济模式中某个项目发生在未来第 i 年的费用，B_i 为发生在未来第 i 年的效益，r 为社会贴现率，n 为项目经济寿命期①，则

$$PVC = \sum_{i=1}^{n} \frac{C_i}{(1+r)^i} \tag{5.2}$$

$$PVB = \sum_{i=1}^{n} \frac{B_i}{(1+r)^i} \tag{5.3}$$

$$EPVC = \sum_{i=1}^{n} \frac{B_i}{(1+r)^i} - \sum_{i=1}^{n} \frac{C_i}{(1+r)^i} \tag{5.4}$$

C_i 包括直接费用和间接费用两部分。其中，直接费用由该项目投资费用和运行费用构成；间接费用一般为该项目排放的污染

① 项目经济寿命期指项目建成投产后的生产期限，即从投产开始，直到其主要设备在经济上不宜再继续使用所经历的所有时间。

物产生的外部环境成本。以 I_i 代表该项目投资费用分摊到未来第 i 年的费用，R_i 代表发生在未来第 i 年的运行费用，Qe_i 代表某种污染物第 i 年的排放量、Pe_i 代表该种污染物第 i 年的单位排放成本，则

$$C_i = I_i + R_i + \sum (Qe_i \times Pe_i) \tag{5.5}$$

B_i 包括直接效益和间接效益两部分。其中，直接效益指出售产品的收益，间接效益视具体情况而定。以 Q_i 代表该项目某种产品第 i 年的生产量，P_i 代表该产品第 i 年的价格，Be_i 代表该项目第 i 年的间接效益，则

$$B_i = Be_i + \sum (Q_i \times P_i) \tag{5.6}$$

由式（5.4）、式（5.5）、式（5.6）可以计算得出循环经济模式中某个项目的净现值，再代入式（5.1）即可计算得到循环经济模式中各项目在经济寿命期内的总费用（包含建设期投资）与总效益现值。

（二）年均费用与年均效益的计算

有时候除了关注项目寿命期内的净现值（总效益－总费用）外，还需计算出年均效益（费用），将年均费用与年均效益进行比较。年均净现值和净现值对项目成本与效益衡量的本质是一致的，只是表达和比较方式不同，不会改变比较结果。年均净现值（年均效益－年均费用）代表在各个时间段平均分布的价值。如果两部机器使用寿命年限不同，将其费用年均化，可能会揭示总费用较高的机器年均费用反而更低，因为这台机器的使用寿命比另一台机器更长，因此，在这种情况下，使用年均费用效益进行比较可能更为合适（任勇，周国梅等，2011）。净现值代表的是所有效益和费用的现有价值。当项目的费用和效益产生时间不一致，如前期费用大，而效益在未来较长时间内才产生，则计算净现值更有信息价值。

如果已知某个项目的年均运行费用，则

$$AC = I \times CFR + AR \tag{5.7}$$

其中，AC 为年均费用；I 为总投资（现值）；AR 为年均运行费用；CFR 为资金回收系数，它表示在考虑资金时间价值的条件下，对应于项目的单位投资，在项目经济寿命期内每年至少应该回收的金额。计算公式如下（傅加骥，仝允桓，1996；金婷，2007）：

$$CFR = r \times \frac{(1+r)^n}{(1+r)^n - 1}$$

式中，r 为社会贴现率，n 为项目经济寿命期（主要设备使用寿命）。

AR 一般包括原材料费、燃料动力费、人工工资及福利费、修理费及其他费用，可根据企业财务数据获得，注意要剔除其中的税赋、补贴和利息，并按影子价格进行调整。

设 AB 为年均效益，AQ 代表某种产品的年均生产量、P 代表该种产品的价格，ABe 代表项目的年均间接效益，则

$$AB = ABe + \sum (AQ \times P) \tag{5.8}$$

如果已知项目的总效益（费用）现值，则年均效益（费用）可以按下列公式计算（任勇和周国梅等，2011）：

当时间 $t=0$ 时，没有任何初始费用产生，那么年均费用的计算公式如下：

$$AC = PVC \times \frac{r \times (1+r)^n}{(1+r)^n - 1} \tag{5.9}$$

当时间 $t=0$ 时，产生了某种初始费用，那么年均费用的计算公式如下：

$$AC = PVC \times \frac{r \times (1+r)^n}{(1+r)^{n+1} - 1} \tag{5.10}$$

式中，AC 指在某一时间段 n 结束时产生的年均费用；PVC 指费用现值；r 指社会贴现率；n 指设备使用寿命（项目经济寿命期）。

上述计算方法对年均效益仍然适用，只不过将费用现值改为效益现值。

电水盐联产循环经济模式中各项目建设期短（2 年以内），项目建成投产后即可产生效益，费用与效益发生的时间差不大，且项目经济寿命期内每年的运行费用与效益变化不大。因此，本书将采用年均费用与年均效益指标来分析电水盐联产循环经济模式的费用效益，即采用式（5.7）和式（5.8）进行计算，并选取重要因素进行敏感性分析，揭示运行费用和效益的年度变化对项目年均净现值的影响。

三、计算方法二（横向比较法）：关于循环经济措施的费用效益分析

（一）循环经济措施及其费用效益的理论界定

采用横向比较法计算循环经济措施的费用与效益，其基础是先识别循环经济措施（活动）。本书根据循环经济的 3R（减量化、再利用、资源化）原则来进行界定。

减量化是指从源头减少进入生产和消费过程的物质量，减少废弃物的排放，主要包括节能、节水、节地、节材（节煤及节约其他原材料）、源头减排。

再利用是指产品多次使用或修复、翻新或再制造后继续使用，在电水盐联产循环经济模式中主要包括水循环利用、电厂余热用于海水淡化等。

资源化是指对废弃物进行回收和合理利用，在电水盐联产循环经济模式中主要包括粉煤灰渣综合利用、浓海水制盐等。

在识别评价对象每项循环经济措施的基础上，逐项与比较基准进行比较，计算评价对象增加的费用与效益，加和得到总费用增量和总效益增量，总效益增量减去总费用增量即为评价对象发

展循环经济的净现值增量。比较基准可以是国内平均水平或国内外常规做法，也可以是不采取任何循环经济和污染治理措施的情景。

一般认为循环经济不包括环境末端治理，因此，发电厂烟气除尘、脱硫、脱硝等不属于循环经济措施。但是，为了全面揭示电水盐联产循环经济模式的费用与效益，本书将环境末端治理的费用与效益也纳入了计算范畴。

（二）费用与效益现值的计算

效益现值＝减量化效益＋再利用效益＋资源化效益＋末端治理效益＋其他效益

费用现值＝减量化费用＋再利用费用＋资源化费用＋末端治理费用

净现值＝（减量化效益＋再利用效益＋资源化效益＋末端治理效益＋其他效益）－（减量化费用＋再利用费用＋资源化费用＋末端治理费用）

＝（减量化效益－减量化费用）＋（再利用效益－再利用费用）＋（资源化效益－资源化费用）＋（末端治理效益－末端治理费用）＋其他效益

＝各项循环经济措施效益之和＋其他效益－各项循环经济措施费用之和

注意以上各项效益或费用均指现值。其中，费用包括直接费用和间接费用；效益包括直接效益和间接效益。除了间接效益外，其他效益（费用）的计算方法与总量法类似。间接效益一般是指减排污染物的环境效益，其计算方法如下：

以 Bw 代表某项循环经济措施的间接效益，Qw 代表某项循环经济措施减少的某种污染物的排放量，Pw 代表某种污染物的单位减排效益，则

$$Bw = \sum (Qw \times Pw) \tag{5.11}$$

与总量法类似，同样可以计算各项循环经济措施的年均效益与年均费用。

四、费用效益分析的重要内容：环境成本（效益）的评估方法

（一）环境成本（效益）评估方法的选择

对环境成本（效益）进行定量评估是费用效益分析的重要内容，也是费用效益分析的难点。当环境质量恶化或发生退化时，称之为环境损害，这时候就发生了环境成本（费用）[①]；如果采取了某些措施，使环境质量得以改善，从而避免环境损害，这时候就减少了环境成本，相当于产生了环境效益。

评估环境成本可以从两方面来考虑：一是环境损害成本，即计算污染物对环境功能、农作物产量、人体健康等造成的实际损害。二是环境控制成本，即计算预防环境污染发生的成本，或者清除与赔偿环境污染造成的后果的成本。

环境损害成本比控制成本更为接近外部环境成本，需要通过剂量—反应法、损害函数法、生产率变动法、生产函数法、人力资本法等环境价值评估方法来进行评估。这些方法一般需要大量的监测和调查数据，需要以环境科学的基础研究成果为依据。在无法计算环境损害成本时，可以环境控制成本代替，如采用防护支出法；也可参照已有的研究成果，选择最为接近评估对象的数据进行估算，即成果参照法。

本书将针对电水盐联产循环经济模式中各类环境成本（效

---

① 环境成本可以分为外部环境成本和内部环境成本。其中，外部环境成本是指因自然资源数量消耗和质量减退、污染损害而造成的经济损失；内部环境成本是指企业在环境保护方面的实际支出。环境经济学中的环境成本通常是指外部环境成本。因此，本书中如无特殊说明的情况下，环境成本即指外部环境成本。

益）的特点，灵活选择环境价值评估方法。对于发电厂的污水、循环冷却水和粉煤灰渣，以及海水淡化厂的浓海水的减排效益采取防护支出法进行计算。对于发电厂大气污染成本采取成果参照法进行计算。为了减少污染物单位排放成本（减排效益）估算偏差对费用效益分析结果的影响，本书对主要污染物的单位排放成本（减排效益）作了敏感性分析。

（二）浓海水和循环冷却水减排效益的确定

浓海水直接排海会对海洋生态环境造成一定影响，国外常规做法是直接排入深海，或者以再生水对浓海水进行稀释，然后再排入深海。电水盐联产循环经济模式的浓海水减排效益，可以用同类型项目所需消耗的再生水来衡量。目前，天津市发电企业用再生水价格为2.5元/立方米，也就是说，浓海水单位减排效益为2.5元/立方米。

循环冷却水直接排海同样会对海洋生态环境造成一定影响。电水盐联产循环经济模式为了避免这种影响，建设了两座海水循环冷却塔，可以用这两座海水循环冷却塔的技术攻关及投资建设成本来衡量循环冷却水的减排效益。

（三）污（废）水减排效益的确定

由于难以计算发电厂污（废）水的环境损害成本，本书以污水处理成本替代。再生水价格基本反映了污水处理成本，目前天津市发电企业用再生水价格为2.5元/立方米，因此，本研究发电厂污（废）水单位减排效益取值为2.5元/立方米。

（四）粉煤灰渣减排效益的确定

由于难以计算粉煤灰渣的环境损害成本，本研究以天津市粉煤灰排污费（30元/吨）、炉渣排污费（25元/吨）、脱硫石膏排污费（25元/吨）作为估算标准。

（五）大气污染物排放成本（减排效益）的确定

燃煤发电厂排放的二氧化硫、氮氧化物和烟尘对人体健康、材料腐蚀、农作物产量均有影响，二氧化碳还会引起全球气候变化。

关于二氧化硫的排放成本（减排效益），目前国内有两项比较系统的研究。一是中美两国环保部门组织开展的电力行业节能减排政策经济分析项目（任勇和周国梅等，2011），综合运用大气质量分析扩散模型（CMAQ）、美国环保局 BenMap 模型以及污染物浓度与农作物、建筑材料的暴露反应函数，预测了中国电力行业“十一五”期间减排二氧化硫对改善健康、降低对农作物产量和建筑材料使用寿命的影响等方面的综合效益，结果表明：中国电力行业每减排一吨二氧化硫的综合经济效益是 6 572 元。二是李红祥和王金南等（2013）则运用原国家环保总局和国家统计局联合开展的环境经济核算研究方法及成果，对中国“十一五”期间二氧化硫减排绩效进行了回顾性评价，主要包括二氧化硫减排对减少健康、农业、材料损失三方面的效益，研究结果表明：中国“十一五”期间单位二氧化硫的减排效益为 5 240 元。在国外，1991 年欧盟和美国能源部组成的联合项目研究组开发了用于评估能源系统外部费用的评估方法——ExternE 方法，目前应用较为广泛。该方法自下而上地追踪污染物的影响（污染排放—污染物浓度扩散—环境影响的量化），用暴露 - 反应函数量化环境影响，用支付意愿方法计算货币值。S. Kypreos and R. Krakowski（2005）应用 ExternE 方法计算了中国火力发电产生的环境成本。此类方法需要确认污染排放与健康变化、农作物产量变化、材料腐蚀变化等方面的剂量 - 反应关系，建立关系模型。剂量 - 反应关系的准确性、计量的环境损害范畴、对损害的价值评估等对计算结果均有很大影响，如 S. Kypreos and R. Krakowski（2005）将模型中的统计生命价值设为 600 万美元，远高出我国

的标准。因此，本研究将以任勇和周国梅等（2011）和李红祥和王金南等（2013）的研究结果为主来确定天津北疆发电厂二氧化硫的排放成本。

关于氮氧化物和烟尘的排放成本（减排效益）研究较少，除了上述 S. Kypreos and R. Krakowski（2005）计算了中国火电行业的氮氧化物和烟尘的排放成本以外，国内只有王金南和杨金田等（1998）、魏学好和周浩（2003）等以污染治理成本或排污收费标准为依据进行了相关研究。本研究将综合考虑这几项研究成果和天津市排污收费标准来确定天津北疆发电厂氮氧化物和烟尘的排放成本。

关于二氧化碳的排放成本（减排效益）的研究成果较为丰富。一是估算二氧化碳排放对全球气候变化的危害。如斯特恩报告（Stern N.，2006）对二氧化碳引起全球气候变化的损害成本估值为 85 美元/吨，但其极低的贴现率（0.1%）受到了诺德豪斯（William Nordhaus，2010）等经济学家的质疑。美国环保局预测的 2015 年碳排放社会成本指数（SCC）为 39 美元（贴现率 3%）。社会贴现率的选择直接影响对二氧化碳排放成本的估值。如果选择较高的贴现率，则未来的灾难损失贴现为现值较小，从而趋向于未来减排；如果选择低的贴现率，则未来的灾难损失贴现为现值较大，从而趋向于当前减排。二是采用自上而下的一般均衡模型计算边际减排成本。如美国麻省理工学院应用排放预测与政策分析（Emissions Prediction and Policy Assessment model，EPPA）模型对包括中国在内的 12 个国家或区域 2010 年的边际减排成本的研究，澳大利亚农业与资源经济局应用全球贸易与环境模型（Global Trade and Environment Model，GTEM）对全球包括中国在内的多个国家或区域的 2010 年的边际减排成本的研究。不同模型对未来经济社会发展、替代弹性、技术成本等方面的基本假设以及选择的基准方案不同，会影响研究结果。三是以碳排放权交易价格为基础估算的减排成本。在完全竞争市场下，污染

物交易成本即污染物边际减排成本。不过由于目前排放权交易市场尚不完备，价格发现功能有限。可见，二氧化碳排放成本的确定是一个争议性较大的问题，无论采取哪种方法均有其优缺点，本研究将综合上述研究成果确定一个数值，并在进行电水盐联产循环经济模式的费用效益分析时，将二氧化碳单位排放成本作为重要因素考虑，进行敏感性分析，以此来减少估值不准确带来的影响。

权重赋予比例按如下原则进行：越接近本研究对象的研究成果被赋予越高的权重；关于环境损害成本研究成果的权重大于控制成本或减排成本研究成果的权重；社会贴现率取值太低不符合我国实际情况的赋予较低的权重。赋权比例和计算结果如表 5－1 所示，二氧化硫排放成本为 9 654 元/吨，氮氧化物排放成本为 7 708元/吨，烟尘排放成本为 5 810 元/吨，二氧化碳排放成本为 202 元/吨（2012 年价格水平）。

五、有关参数的确定

（一）社会贴现率

社会贴现率反映了对于社会费用效益价值的时间偏好，代表人们对于现在的社会价值与未来价值之间的权衡。社会贴现率是资金的影子价格。在评选不同项目方案时，社会贴现率的取值高低会影响评选结果。社会贴现率较高，则会使远期收益在折算为现值时发生较高的折减，因而有利于近期社会效益高、远期社会成本高的方案和项目入选；反之，社会贴现率低，则有利于远期社会效益高、近期社会成本低的方案和项目入选。国家发展改革委和建设部主编的《建设项目经济评价方法与参数（第三版）》（2006）推荐的社会贴现率为 8%，对于水利工程、某些稀缺性资源的开发利用项目、环境改良工程，可采取较低的社会贴现

表 5－1　燃煤发电行业部分大气污染物的单位排放成本

污染物类别	参考文献	计量基础	计量方法	单位排放成本	权重	本文取值（2012 年价格）
二氧化硫	Kypreos S. and Krakowski R.，2005	损害成本	ExternE 方法	3 092 美元/吨	25%	9 654 元/吨
	任勇和周国梅等，2011	损害成本	大气质量分析扩散模型（CMAQ）、美国环保局 BenMap 模型以及污染物浓度与农作物、建筑材料的暴露－反应函数	6 572 元/吨	40%	
	李红祥和王金南等，2013	损害成本	原国家环保总局和国家统计局联合开展的环境经济核算研究方法	5 240 元/吨	35%	
氮氧化物	Kypreos S. and Krakowski R.，2005	损害成本	ExternE 方法	2 006 美元/吨	40%	7708 元/吨
	魏学好和周浩，2003	控制成本	参考中国排污总量收费标准和美国排污权交易价格	8 000 元/吨	20%	
	王金南和杨金田等，1998	控制成本	参考治理成本制定的排污费标准	2 000 元/吨	20%	
	—	天津市排污收费标准	—	632 元/吨	20%	

续表

污染物类别	参考文献	计量基础	计量方法	单位排放成本	权重	本文取值（2012年价格）
烟尘	Kypreos S. and Krakowski R.，2005	损害成本	ExternE 方法	2 205 美元/吨	40%	5 810 元/吨
	王金南和杨金田等，1998	控制成本	参考治理成本制定的排污费标准	550 元/吨	30%	
	—	天津市排污收费标准	—	275 元/吨	30%	
二氧化碳	Fankhauser S.，1994	损害成本	随机温室气体损害模型（Stochastic Greenhouse Damage Model）	25 美元/吨	20%	202 元/吨
	European Commission，2003	损害成本	EcoSense model	18～46 美元/吨	20%	
	Stern N.，2006	损害成本	综合评价模型（integrated assessment model）	85 美元	10%	

续表

污染物类别	参考文献	计量基础	计量方法	单位排放成本	权重	本文取值（2012 年价格）
二氧化碳	美国环保局（http：//www.epa.gov/climatechange/EPAactivities/economics/scc.html，2011）	损害成本	综合评价模型（Integrated Assessment Models）	39 美元	20%	202 元/吨
	Ellerman A.D.，Jacoby H.D.，Decaux A.，1998；Tulpule V.，Brown S.，Lim J.A.，1998；Zhang Z.Z.，1996；高鹏飞，陈文颖，何建坤，2004	减排成本（减排 10%）	排放预测与政策分析模型（EPPA）；全球贸易与环境模型（GTEM）；一般均衡模型；混合模型	9～35 美元/吨	10%	

续表

污染物类别	参考文献	计量基础	计量方法	单位排放成本	权重	本文取值（2012 年价格）
二氧化碳	Nordhaus W.，2010	减排成本（减排2℃）	区域气候与经济综合模型（RICE，Regional Integrated model of Climate and the Economy - RICE model）	59 美元/吨	10%	202 元/吨
	王金南和葛察忠等 2009	中国 CDM 市场价格	—	6 美元/吨	10%	

率，以有利于项目的优选和方案优化。因此，本书将社会贴现率定为6%。

（二）影子价格

费用效益分析中的商品货物（投入物或产出物）的价格原则上应全部采用影子价格。一般商品货物分为可外贸货物和非外贸货物，而劳动力、土地、自然资源称为特殊投入物，不同货物的影子价格有不同的确定方法。

值得注意的是税赋、补贴、利息属于转移支付，不计入费用效益分析范畴，但一些税收、补贴或罚款，如排污费，往往是用于校正项目外部性的一种重要手段，这类转移支付不可剔除。此外，投入物的影子价格一般不含实际缴纳流转税，产出物的影子价格一般包含实际缴纳流转税。

为了简化计算，在不影响评价结论的前提下，可只对价值在效益和费用中占比重较大，或者国内价格明显不合理的产出物和投入物使用影子价格。

1. 特殊投入物的影子价格。

特殊投入物包括劳动力、土地、自然资源等。

劳动力影子价格称为影子工资。如果财务工资与劳动力的影子价格之间存在差异，应对财务工资进行调整。影子工资 = 影子工资换算系数 × 财务工资。技术劳动力的工资报酬一般可由市场供求决定，即可采用财务实际支付工资计算。根据我国非技术劳动力就业状况，其影子换算系数一般取0.25～0.8，可取其中间值0.5（国家发展改革委、建设部，2006）。根据此原则，电水盐联产循环经济模式中，发电、海水淡化及输送、浓海水制盐的影子工资采用财务数据；考虑粉煤灰渣综合利用（建材行业）非技术劳动力较多，影子换算系数取中间值0.5，即影子工资 = 财务工资 ×0.5。

土地影子价格。电水盐联产循环经济模式中所用土地全部通

过招标、拍卖或挂牌出让方式取得，其影子价格可采用财务价格计算。

煤炭影子价格。燃煤费约占发电环节直接费用的70%，其价格变动对总费用效益具有显著影响。我国煤炭消费主要为动力煤，电力行业消耗的动力煤（简称“电煤”）占动力煤消耗总量的65%左右。除电煤外，煤炭价格已实现市场化。长期以来电煤价格一直处于国家管制状态，电煤价格低于市场煤价，形成了电煤价格和市场煤价双轨制。近年来，电煤价格和市场煤价差距明显缩小，一些地方还出现价格倒挂。国务院决定自2013年起，取消电煤价格双轨制。因此，本研究以市场煤价格作为电煤的影子价格，不含税价格为708元/吨标煤（相当于含税价800元/吨标煤）。

2. 可外贸货物的影子价格。

本研究中海水淡化的主体设备从以色列进口，其影子价格＝影子汇率×到岸价＋进口费用。《建设项目经济评价方法与参数（第三版）》（2006）推荐的影子汇率为1.08。进口费用指货物进出口环节在国内所发生的所有相关费用。

3. 以市场价格为基础调整得到影子价格的投入物或产出物。

在非外贸货物中，如果投入物或产出物的价格严重不合理，或者在费用或效益中占的比重较大，则应以其市场价格为基础，调整为影子价格。在本研究中，产出物中的淡化水价格、上网电价需要进行调整。

淡化水的影子价格。非外贸货物影子价格可以根据与其类似的货物或替代品的影子价格来确定。本研究将结合天津市现行自来水价格和淡化水生产成本来确定淡化水的影子价格。天津市现行居民水价为4.9元/立方米（包含污水处理费和南水北调基金），工业用水价格为7.85元/立方米（包含污水处理费和南水北调基金）。天津地区由于水资源极度缺乏，自来水价在全国偏高，但仍然没有包括对调水水源地进行生态补偿成本；并且天津市目前约 1/4 的供水依靠超采地下水维持，造成严重的生态环境问题。可见，天津市自来水价格没有体现其应有的价值。另一方面，根据国家发展改革委组织召开的 2012 年全国海水淡化工作会议有关资料及《海水淡化产业发展“十二五”规划》，我国蒸馏法海水淡化综合产水成本（出厂成本）为 6 ~ 8 元/立方米；反渗透海水淡化综合产水成本为 5 ~ 6 元/立方米（解振华，2012）。输送到用户终端，淡化水成本将进一步上升，如天津北疆发电厂淡化水输送到自来水厂处理后，成本接近 8 元/立方米。还需要注意的是，淡化水水质纯净，优于自来水，可用于工业高端高纯水，其影子价格应高于自来水影子价格。综上所述，本研究将淡化水出厂的影子价格确定为 8 元/立方米。

影子电价的确定。由于电价不仅与人民生活密切相关，而且对工业生产影响巨大，因此我国电价一直受政府管控。过去，我国发电和电网企业没有分开，电力行业处于垄断状态。2002 年起，国家确定了“厂网分开、竞价上网”的改革目标。厂网分开是指将原国家电力公司管理的资产按发电和电网两类业务划分，进行资产重组。厂网分开后，原国家电力公司拥有的发电资产重组为若干个全国性独立发电企业。竞价上网简单地说就是“哪家企业的电卖得便宜，就能竞争上网”。“厂网分开、竞价上网”的实质是引入竞争，打破垄断，提高效率，降低成本，理顺电价形成机制。目前，厂网分开的局面总体上已基本形成，竞价上网还没有实现。但各电力企业的竞争局面已基本形成，其上网电价一定程度上体现了边际生产成本。因此，本书以天津地区近年来新投产火电机组上网电价作为影子价格，作为投入物的影子价格（不含税）为 0.342 元/千瓦时，作为产出物的影子价格（含税）为 0.4 元/千瓦时。

4. 以市场价格作为影子价格的投入物或产出物。

在非外贸货物中，对于具有市场价格的投入物或产出物，如果项目的投入物或产出物处于竞争性市场环境中，市场价格能够

反映支付意愿或机会成本，可采用市场价格作为影子价格。在本研究中，修理费、其他费用（如管理费、销售费用）等均采用市场价格作为影子价格。为了计算简便，在总费用（效益）中占比较小的费用（效益）也按市场价格计算，这样做不会影响分析结果。

（三）其他参数

资金回收系数（CFR）：

$$CFR = r \times \frac{(1+r)^n}{(1+r)^n - 1}$$

式中，r为社会贴现率，n为项目经济寿命期（主要设备使用寿命）。

r为6%，n为30，则CFR＝0.072649。

第二节　电水盐联产循环经济模式的费用效益分析

一、费用效益分析的边界及情景设置

（一）费用效益分析的空间范围为电水盐联产虚拟型生态工业园区（包含对外部环境的影响范围）

本书关于电水盐联产循环经济模式的费用效益分析对象包括发电厂、海水淡化厂、盐场、建材厂、淡化水输送公司、自来水厂、用水企业和居民，以及周边区域大气环境和渤海湾水体，计算边界如下：

发电厂：自燃煤等原材料进入发电厂至电能输送到电网及污染物排放到环境（包括污水、固废对周边环境的影响，大气污染物对区域气候的影响），不包括上游环节燃煤的开采、运输与储

存的间接费用。

海水淡化水生产、输送及使用：从原海水输送至海水淡化厂，再到淡化水输送至自来水厂的范围，以及其对外部环境的影响（如是否向海洋水体排放污染物等均在计算范围）。考虑到天津地区水资源极度稀缺、超采地下水的现状，还将淡化水替代地下水带动区域经济发展的间接效益纳入了计算范畴。从自来水厂到用水企业和居民这段输送距离沿用现有供水管网，不增加供水成本。与自来水相比，淡化水更纯净，改善了企业和居民的用水水质，但这部分间接效益难以定量计算，没有纳入计算范畴。

盐场：汉沽盐场接受浓海水的输送渠道及晒盐区域范围。

建材厂：建材厂生产区域范围；还包括建材厂代发电厂出售粉煤灰渣和脱硫石膏的成本与效益，但运输途中造成的污染成本没有计算在内。

从整体上来看，纳入计算范畴的区域是电水盐联产虚拟型生态工业园区（包含对外部环境的影响范围），具体如图 5－1 所示。

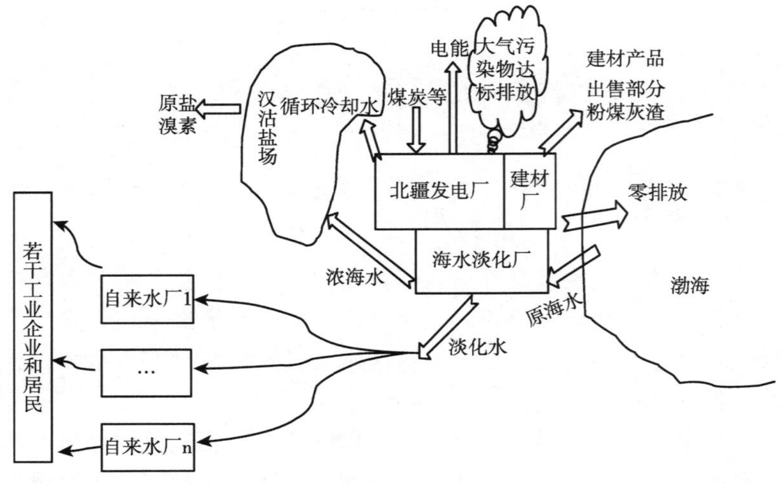

图 5－1　天津北疆电水盐联产循环经济模式费用效益分析的边界示意图

（二）费用效益分析的时间范围为项目经济寿命期（30年）

费用与效益的计算期为各项目经济寿命期，按30年（2010～2040年）计算，假设各项目均按设计产能生产，以年均费用现值和年均效益现值进行衡量。

（三）设置了三种情景进行对比分析

情景一：不采取任何循环经济措施和污染治理措施（以下简称“不采取任何循环经济措施”）的情景。按项目经济寿命期（30年）计算，以年均费用现值和年均效益现值进行衡量。

情景二：国内平均水平或国内外常规做法。由于国内平均水平或国内外常规做法是动态变化的，该情景以2012年为比较基准。

情景三：电水盐联产循环经济模式。按项目经济寿命期（30年）计算，以年均费用现值和年均效益现值进行衡量。

（四）其他情况说明

本研究费用效益分析数据以企业财务数据为基础，剔除其中的税费、补贴、利息等转移支付，投入物和产出物均按影子价格计算。除特殊说明外，所有涉及价格的数据均为2012年价格水平。本研究没有单独考虑物价上涨因素对每一项费用（效益）的影响，但在进行敏感性分析时，考虑了主要影响因素变化对总费用（效益）的影响。

二、关于各子系统的费用效益分析步骤及分析结果（总量法）

首先，识别评估对象。具体包括：发电子系统（2×1 000MW发电机组）、海水淡化水生产及输送子系统（20万立方米/天海水淡化和18万立方米淡化水输送工程）、浓海水制盐子

系统（浓海水晒盐工艺改造、浓海水提取工业溴技术改造工程)、固体废弃物综合利用子系统（年产加气混凝土砌块30立方米工程)，除了分析这些工程项目的直接费用和直接效益，还包括间接费用和间接效益。

其次，选择评估方法。采用本章计算方法一（“总量法”）进行计算。以企业财务分析数据为基础，外部环境成本（效益）的评估方法和有关参数的确定参见本章第一节有关内容。

分析结果如表5－2所示，电水盐联产循环经济模式运行的总费用为55.7亿元/年，总效益为70.1亿元/年，经济净现值为14.4亿元/年（详细的计算过程见附录一)。从国民经济角度来看，该模式具有良好的综合效益，增加了社会福利。但是，模式整体可行，并不代表每个子项目均可行。发电项目由于巨大的外部环境成本导致其经济净现值为负，海水淡化、制盐等项目的效益弥补了发电项目的成本，从而使得电水盐联产项目整体上可以获得正的经济净现值。

表5－2　天津北疆电水盐联产循环经济模式的总费用与总效益

单位：亿元/年

子系统名称	费用		效益		净现值
	直接费用	间接费用	直接效益	间接效益	
发电	31.4	19.4	46.1	0	－4.7
海水淡化水生产及输送	4.1	0	5.0	8.6	9.5
浓海水制盐	0.3	0	2.4	7.4	9.5
固体废弃物综合利用	0.5	0	0.6	计算为发电环节减少的环境成本	0.1
合　计	36.3	19.4	54.1	16.0	14.4

三、关于各项循环经济措施的费用与效益分析步骤及分析结果（横向比较法）

首先，识别评估对象。一是减量化措施，主要包括采用超超临界发电技术，提高燃煤效率，减少燃煤消耗，减少污染排放；发电厂采用海水循环冷却方式，减少海水取水量；循环冷却水排向汉沽盐场制盐。二是再利用措施，主要包括利用电厂余热进行海水淡化；对电厂废（污）水集中处理回用。三是资源化措施，主要包括利用发电厂的粉煤灰渣制建材；海水淡化后的浓海水排向汉沽盐场制盐。四是末端治理措施，主要包括安装除尘、脱硫、脱硝设施，确保污染物达标排放。

其次，选择评估方法。采用本章计算方法二（“横向比较法”）。以企业财务分析数据为基础，并以国内平均水平或国内外常规做法的数据进行对比。外部环境成本（效益）的评估方法和有关参数的确定参见本章第一节有关内容。

分析结果如表 5 - 3 所示。与不采取任何循环经济和污染治理措施（情景一）相比：电水盐联产循环经济模式中各项循环经济措施的费用为 2.71 亿元/年，效益为 45.7 亿元/年，经济净现值为 43.0 亿元/年。与国内平均水平或国内外常规做法（情景二）相比：电水盐联产循环经济模式 2012 年各项循环经济措施的费用为 2.67 亿元，效益为 22.7 亿元，经济净现值为 20.0 亿元。这表明电水盐联产循环经济模式中的各项循环经济措施和污染治理措施效益显著，与情景一相比的效费比约为 16 : 1，能够以较小的成本获取较大的收益从国民经济角度看，各循环经济措施和污染治理措施是可行的。

表 5－3　　天津北疆电水盐联产模式中各项循环经济措施的效益

分类	电水盐联产循环经济模式	国内平均水平或国内外常规做法	与国内平均水平或国内外常规做法相比，增加的效益（万元/年）	与不采取任何措施相比增加的年均效益（万元/年）
减量化效益	采用先进技术，供电标准煤耗290克/千瓦时，节约燃煤，减少污染物排放	2012年，全国平均供电标准煤耗325克/千瓦时	90 733	28 987
	采用海水循环冷却方式，减少海水取水量；循环冷却水排向汉沽盐场制盐，对海洋环境的“零排放”	开式冷却方式，海水取水量大，且升温后的循环冷却水直接排海，造成热污染	1 598	1 598
再利用效益	利用电厂余热进行海水淡化，全厂综合热效率达到56.5%	发电厂纯凝工况热效率为45.2%	已计算在供电煤耗一项	已计算在供电煤耗一项
	污水全部收集处理后的再生水100%利用	部分未处理直接排放，部分收集处理后60%实现循环利用	66	165

续表

分类	电水盐联产循环经济模式		国内平均水平或国内外常规做法	与国内平均水平或国内外常规做法相比，增加的效益（万元/年）	与不采取任何措施相比增加的年均效益（万元/年）
资源化效益	粉煤灰渣综合利用	100%综合利用的环境效益	粉煤灰渣利用率50%	1 474	2 948
		生产建材的经济效益	生产建材	无明显优势	6 243
	浓海水制盐	对海洋环境“零排放”	直接排海或者以再生水将浓海水稀释后排海	15 623	15 623
		增加原盐及溴素产量	0	23 675	23 675
		节约盐田占地22.5平方公里	0	73 557	73 557
末端治理的效益	除尘效率约99.8%；脱硫效率约96%；脱硝率80%以上		2012年，全国90%煤电机组安装脱硫设施；28.1%的火电机组安装脱硝设施	20 333	304 458
其他效益	淡化水品质高，改善区域水质		天津地区自来水微咸	难以定量计算	难以定量计算
	示范辐射带动作用		无	难以定量计算	难以定量计算
合计	—		—	227 059	457 254

四、电水盐联产循环经济模式整体效益明显，但各子系统情况各异

（一）总量法与横向比较法的综合分析表明：电水盐联产循环经济模式以较小的成本取得了较大的效益，在同类项目（非联产、不采取循环经济措施）中处于先进水平

以“总量法”分析电水盐联产循环经济模式中各项目的费用与效益，实际上是与不建设该项目相比，经济净现值为正，则说明项目总体可行。但是，无法揭示该项目在同类项目中的水平，这就需要结合“比较法”进行分析。在“总量法”和“比较法”中，有些费用效益是相互交叉、重复计算的，如浓海水制盐产生的经济效益、粉煤灰渣制建材产生的经济效益等；有些效益“总量法”中没有涉及，如浓海水零排放的环境效益，在“总量法”中作为海水淡化减少的环境成本，没有计入。剔除重复计算和考虑没有计算在内的费用与效益，可以得到如下结果：

情景一（不采取任何循环经济措施）的费用效益。情景一的费用现值为88.4亿元/年，效益现值为59.8亿元/年，经济净现值为负28.6亿元。这说明从国民经济角度看，如果不采取循环经济和污染治理措施，发电、海水淡化及淡化水输送、制盐、建材等项目整体上不可行。

情景二（国内平均水平或国内外常规做法）的费用效益。情景二2012年的费用为66.0亿元，效益为60.4亿元，经济净现值为负5.6亿元。与情景一相比，经济净现值有所增加，但依然为负值，从国民经济角度看，项目整体上不可行。

电水盐联产循环经济模式的费用小于情景一和情景二，但效益却大于情景一和情景二，这表明电水盐联产循环经济模式以较小的成本取得了较大的收益，在同类项目中处于先进水平，体现了“循环又经济”的发展理念，能够促进经济社会可持续发展，

在有条件的地区可以大力推广。如表 5－4 所示。

表 5－4　　三种情景费用效益的对比分析

费用或效益	情景三：电水盐联产循环经济模式（亿元/年）	情景二：2012 年国内平均水平（国内外常规做法）（亿元/年）	情景一：不采取任何循环经济和污染治理措施（亿元/年）
费用	55.7	66.0	88.4
效益	70.1	60.4	59.8
净现值	14.4	－5.6	－28.6

（二）发电子系统的经济净现值为负，但与同类项目相比，其外部环境成本低很多

发电子系统年均费用为 50.7 亿元，年均效益为 46.0 亿元，经济净现值为负的 4.7 亿元/年。其主要原因是没有对二氧化碳进行控制，仅二氧化碳排放对环境的损害成本（以下简称“二氧化碳环境成本”）就高达 18.6 亿元/年，约占总费用的 37%。折算成单位发电成本为 0.4612 元/千瓦时，这是包括了发电厂内部成本与外部成本的全成本，比企业财务核算成本（0.2762 元/千瓦时）高 67%，企业的边际私人成本远小于边际社会成本。

进一步分析还可以发现，当二氧化碳排放量下降 25% 时，发电子系统净现值为零，是由负净现值变为正净现值的转折点。也就是说，为了使发电厂获取净效益，必须减排 25% 以上的二氧化碳（如表 5－5 所示）。当上网电价增加 11% 时，发电环节净现值可转负为正，这说明加强电力行业改革，理顺煤电价格形成机制，在电价中体现环境成本，形成合理的电价同样非常重要。

当然，对污染物环境成本的评估结果对发电子系统的净现值也有直接影响，如果二氧化碳单位排放成本的评估结果为 152 元/吨以下，则发电子系统可实现正的净现值（如表 5－5 所示）。但

即使按152元/吨计算，发电环节的外部环境成本仍高达14.8亿元/年，占总费用的32%。这说明以煤炭为原料的火力发电行业在为社会提供基础性能源产品、促进经济社会发展的同时，也带来了巨大的环境成本，进一步加强燃煤电厂环境成本控制势在必行。

表5-5　发电子系统费用效益的敏感性分析

变量	费用现值（亿元/年）	效益现值（亿元/年）	经济净现值（亿元/年）	经济净现值变化率
贴现率（=4%）	49.5	46.0	-3.5	+25.5%
贴现率（=8%）	52.1	46.4	-5.7	-21.3%
原煤价格（+10%，元/吨标煤）	53.0	46.2	-6.8	-44.7%
原煤价格（-10%，元/吨标煤）	48.5	45.8	-2.7	+42.6%
发电量（+10%，千瓦时）	54.9	50.5	-4.4	+6.4%
发电量（-10%，千瓦时）	46.5	42.0	-4.5	-4.3%
上网电价（+10%，元/千瓦时）	50.8	50.4	-0.4	+91.5%
上网电价（-10%，元/千瓦时）	50.8	41.7	-9.1	-91.5%
二氧化碳排放量（+10%，万吨）	52.6	46.1	-6.5	-38.3%
二氧化碳排放量（-10%，万）	48.9	46.1	-2.7	+42.6%
二氧化碳排放量（-25%，万吨）	46.1	46.1	0	+100%
二氧化碳单位排放成本（+10%，元/吨）	52.6	46.1	-6.5	-38.3%
二氧化碳单位排放成本（-10%，元/吨）	48.9	46.1	-2.7	+42.6%
二氧化碳单位排放成本（-25%，元/吨）	46.1	46.1	0	+100%

需要特别强调的是，电水盐联产循环经济模式下的发电厂的外部环境成本比国内平均水平低9.4亿元/年，主要是因为其采用了先进发电技术、循环冷却水用于汉沽盐场制盐，以及对大气

污染物、废水、固废进行了治理（如表 5－3 所示）。我国“富煤、少油、短气”的客观情况决定了短期内无法改变以燃煤发电为主的局面，推广应用“北疆模式”（采用先进技术、提高能源利用效率、对污染物进行治理及资源化利用）是已建和新建燃煤发电厂的发展方向。

（三）海水淡化水生产及输送子系统间接效益较大

海水淡化水淡化生产及输送系统的费用为 4.1 亿元/年，效益为 13.6 亿元/年（其中，直接效益为 5.0 亿元/年，间接效益为 8.6 亿元/年），经济净现值为 9.5 亿元/年。与国内外常规做法相比，电水盐联产循环经济模式下的海水淡化厂减少的外部环境成本约为 1.5 亿元/年，实现了对海洋水体的零排放（如表 5－3所示）。

由于间接效益较大，本环节对淡化水价格、蒸汽价格、贴现率均不敏感；对水资源产出率①较为敏感，因为水资源产出率直接影响间接效益（如表 5－6 所示）。但如果不考虑淡化水替代地下水的间接效益，则海水淡化水生产及输送子系统净现值为 0.9 亿元/年，抗风险能力将大幅降低。

表 5－6　海水淡化水生产及输送子系统费用效益的敏感性分析

变　量	费用现值（亿元/年）	效益现值（亿元/年）	经济净现值（亿元/年）	经济净现值变化率
贴现率（=4%）	3.7	13.6	9.9	+4.2%
贴现率（=8%）	4.8	13.6	8.8	－7.4%
蒸汽价格（+10%，元/吨标煤）*	4.2	13.6	9.4	－1.1%

① 本研究采用农业水资源产出率（=农业用水总量/农业增加值）衡量海水淡化的间接效益，详见附录一的有关论述。

续表

变　　量	费用现值（亿元/年）	效益现值（亿元/年）	经济净现值（亿元/年）	经济净现值变化率
蒸汽价格（－10%，元/吨标煤）*	4.0	13.6	9.6	+1.1%
淡化水价格（+10%，元/吨）	4.1	14.1	10.0	+5.3%
淡化水价格（－10%，元/吨）	4.1	13.1	9.0	－5.3%
水资源产出率（+10%，元/立方米）	4.1	14.5	10.4	+9.5%
水资源产出率（－10%，元/立方米）	4.1	12.8	8.7	－8.4%

注：＊蒸汽消耗量折算为所耗标煤量进行计算。

（四）浓海水制盐子系统直接效益和间接效益均很显著

制盐子系统的费用现值为0.30亿元/年，效益现值为9.72亿元/年，经济净现值为9.42亿元/年。尤其值得注意的是，利用浓海水制盐提高了制盐效率，在不减少汉沽盐场产量的情况下，可以节约（释放）盐田占地约22.5平方公里，按天津滨海新区现行土地价格计算，间接效益达101.25亿元（年均分摊效益约为7.4亿元）。

选取贴现率、浓海水产生量、原盐和溴素价格、工业用地价格作敏感性分析，计算结果表明：制盐子系统净现值对贴现率、工业用地价格较为敏感。这是因为节约的土地效益占总效益的比重较大，工业用地价格变化，则总效益变化较大，贴现率也直接影响土地年均效益。考虑到土地资源的稀缺性，土地影子价格大幅下降的可能性不大。因此，本环节抗风险能力较强。如表5－7所示。

表 5－7　　制盐子系统费用效益的敏感性分析

变　　量	费用现值（亿元/年）	效益现值（亿元/年）	经济净现值（亿元/年）	经济净现值变化率
贴现率（=4%）	0.23	8.22	7.99	－17.8%
贴现率（=8%）	0.36	11.36	11.00	+13.2%
原盐价格（+10%，元/吨）	0.30	9.86	9.56	－1.6%
原盐价格（－10%，元/吨）	0.30	9.58	9.28	－4.5%
溴素价格（+10%，万元/吨）	0.30	9.82	9.52	－2.1%
溴素价格（－10%，万元/吨）	0.30	9.63	9.33	－4.0%
工业用地价格（+10%，万元/亩）	0.30	10.46	10.16	+4.5%
工业用地价格（－10%，万元/亩）	0.30	8.99	8.69	－10.6%
浓海水产生量（－10%，立方米/天）	0.30	9.58	9.28	－4.5%

（五）固体废弃物综合利用子系统经济效益不突出，环境效益显著

固体废弃物综合利用子系统的费用为 4 907 万元/年，效益为 6 243 万元/年，净现值为 1 336 万元/年。选取贴现率、加气混凝土砌块价格作敏感性分析，计算结果表明：本环节净现值对加气混凝土砌块价格高度敏感，这是因为加气混凝土砌块收益占总效益比例很大（82%）。当加气混凝土砌块价格下降 26.2%，即为 125.5 元/立方米时，本环节净效益为零。这与实际情况相符，粉煤灰渣制建材是对废弃物进行资源化利用，生产的产品附加值不高，但环境效益显著（本研究已将其列为发电子系统减少的环境成本，没有在此进行计算）。国家为了鼓励粉煤灰综合利用，出台了一些税费优惠政策，以确保粉煤灰渣综合利用能获取

一定的经济效益。如表 5－8 所示。

表 5－8　固体废弃物综合利用子系统费用效益的敏感性分析

变　量	费用现值（万元/年）	效益现值（万元/年）	经济净现值（万元/年）	经济净现值变化率
贴现率（＝4%）	4 810	6 243	1 433	+7.3%
贴现率（＝8%）	5 014	6 243	1 229	-8.0%
加气混凝土砌块价格（+10%，元/立方米）	4 907	6 753	1 846	+38.2%
加气混凝土砌块价格（-10%，元/立方米）	4 907	5 733	826	-38.2%

（六）电水盐联产循环经济模式的示范辐射带动效益大，但难以定量计算

电水盐联产循环经济模式对周边经济发展产生了较大的辐射带动作用，有力地促进了天津地区及河北唐山等地海水淡化产业及制盐业的发展；在国内首次采用海水冷却塔，研发的淡化水掺混技术，对我国滨海电厂建设及海水淡化产业发展具有重大意义。这些间接效益难以定量计算，没有纳入本书的定量计算范畴。

第三节　电水盐联产循环经济模式的利益分配机制

一、费用效益分析结果与实际运行情况存在明显差异

费用效益分析结果显示电水盐联产循环经济模式的净现值为

正，增加了社会福利。其中，发电子系统的净现值为负，其余子系统的净现值为正。但是，从电水盐联产循环经济模式的实际运行情况（从财务分析角度来看）来看，却出现了截然相反的情形。发电子系统2012年实现净利润约3.5亿元，2013年实现净利润约10亿元；海水淡化子系统一直处于亏损状态，部分产能闲置。这与循环经济模式的利益实现与分配机制有关，不同的利益相关主体在电水盐联产模式中扮演着不同的角色，付出的成本和获得的收益也不相同。

企业参与循环经济的动因很多，但获取更大的经济利益是根本动因。当企业从发展循环经济中获得的收益超过付出的成本，并且发展循环经济在其策略选择中整体收益最大时，发展循环经济将会成为企业的自觉选择（张迪，张象枢，陈禹，2009）。为了保证循环经济模式的持续稳定运行，只关注循环经济模式运行的总效益是不够的，还需要深入分析利益相关主体的利益分配情况。因为持久合理的利益链接机制是循环经济模式持续健康运行的核心，是相关利益主体进行长期合作的保障。

二、利益相关主体发挥的作用及利益分配情况

（一）汉沽盐场经济效益良好、发电厂经济效益波动较大、建材厂处于保本微利水平、海水淡化厂处于亏损状态

电水盐联产循环经济模式的生产企业主要包括天津国投津能发电有限公司（发电厂和海水淡化厂）、天津市华泰龙淡化海水有限公司（输水公司）、天津长芦汉沽盐场有限责任公司（汉沽盐场）、国投北疆环保建材有限公司（建材厂），它们是效益的创造者，同时也是受益者，但不同的生产企业之间利益分配不均。

发电厂受益大，没有承担其造成的外部环境成本。除部分已

经内部化的环境成本外，发电项目还产生了大量的外部环境成本，这部分外部环境成本由社会承担，导致发电厂边际私人成本小于边际社会成本。因此，天津北疆发电厂在 2012 年和 2013 年均实现了较高的盈利。但发电厂经济效益受煤炭价格和上网电价影响明显，在煤价上涨且上网电价没有及时调整（上网电价由政府定价）时，就容易出现亏损，如天津北疆发电厂 2010 年和 2011 年就处于亏损状态。

海水淡化厂和输水公司出现亏损。一是海水淡化厂和输水公司没有获得替代地下水带动经济社会发展的间接效益，从而导致海水淡化厂的边际私人收益小于边际社会收益。二是淡化水交易价格不合理。由于自来水价格偏低，淡化水的实际交易价格（4.68 元/吨）远低于影子价格（8 元/吨）。三是海水淡化技术作为淡水资源的增量与替代技术，其自身有一个不断发展成熟的过程。目前可依靠海水资源综合利用，延长产业链（浓海水制盐及发展盐化工）来获取更多效益，从而整体上拉低海水淡化的生产成本。但是，在电水盐联产循环经济模式中浓海水制盐增加的收益全部由汉沽盐场获得。四是海水淡化关键技术装备国产化率低，导致海水淡化厂的投资成本高，银行利息占比大。

汉沽盐场在电水盐联产循环经济模式中受益最大。利用浓海水制盐比原海水效率高，增加原盐和溴素产量，还可以进一步生产其他盐化工产品，所产生的效益全部由汉沽盐场所得；并且汉沽盐场还拥有天津北疆发电厂 2% 的股权，可以获得部分收益。

建材厂处于保本微利水平。由于粉煤灰渣综合利用本身经济效益不高，环境效益显著，环境效益无法靠市场体现，主要靠国家税收优惠政策扶持，才能维持盈利状态。

（二）社会公众是发电厂环境污染的主要承担者，同时也是淡化水改善区域水质的受益者，但均处于被动接受状态，缺少参与渠道

社会公众既是淡化水的受益者，又是发电厂环境污染的承担者。一方面，北疆发电厂选址在滨海盐碱地，周边没有农田，不是人口集中居住区，其各项排放指标均符合国家环保标准。但仍有部分大气污染物排放，特别是二氧化碳排放量大，引起全球气候变化，这部分外部环境成本由社会承担，对周边居民影响较大。另一方面，电水盐联产循环经济模式的产品，如淡化水、电能等与人们生活息息相关。天津地区极度缺水且水质较差，淡化水增加了淡水资源总量，改善了区域供水水质，使周边数十万居民受益。无论是利益增加还是受损，社会公众均处于被动接受状态，缺少参与渠道。

（三）政府在电水盐联产循环经济模式中应承担利益分配调节者和监管者的角色

一是对于电水盐联产循环经济模式的运行，政府应积极推动解决存在的困难，如协调解决淡化水出路问题、出台有关政策降低海水淡化成本等。二是对模式运行仍会产生的污染问题，政府有关部门应加强监管，确保污染物达标排放。三是各生产企业每年向国家及天津市政府上缴数亿元的税费，政府可将这部分税费用于改善区域环境质量、扶持海水淡化产业发展等。四是对于受污染特别严重的居民，政府要积极协调企业给予一定补偿。

（四）电水盐联产循环经济模式中的生产企业每年向银行支付大量利息

企业发展循环经济一般需要进行技术创新，投入大，周期长。电水盐联产循环经济模式各项目的总投资接近108亿元，企业自有资金只占小部分，大部分资金向银行贷款，企业每年向银行支付4亿元以上的利息，这进一步推高了产品的生产成本，降低了产品的市场竞争力。在国外海水淡化被作为公益性工程，大部分以政府投入为主进行建设，而我国海水淡化均由企业投资建设，融资渠道单一，主要靠银行贷款。在煤价上涨和电价受管制的情况下，发电项目可能出现亏损，无法弥补海水淡化项目的亏损，从而出现产能闲置，再影响到浓海水制盐。可见，创新投融资方式，建立多元化投资机制，对促进循环经济发展极为重要，有利于提高电水盐联产循环经济模式抗风险的能力。

（五）供水企业、用水（电）企业等其他利益相关者对电水盐联产循环经济模式影响较大

除了上述相关利益主体，供水企业（包括自来水厂）、用水企业、用电企业等目前处于电水盐联产循环经济模式的外围系统，但它们的参与对于淡化水的大规模应用至关重要，是确保电水盐联产循环经济模式利益实现的重要一环。下一步应将这些外围参与者纳入模式系统内部，形成紧密的产业共生关系。

结合电水盐联产循环经济模式的费用效益分析结果及2012年生产运行的财务数据，可分析电水盐联产循环经济模式的利益分配（价值流），如图5-2所示。值得注意的是，海水淡化生产及输送子系统是按设计产能（20万立方米/天）计算的，在实际生产中，由于生产成本较高出现亏损、淡化水难以进入自来水供水市场等原因，大部分产能处于闲置状态。

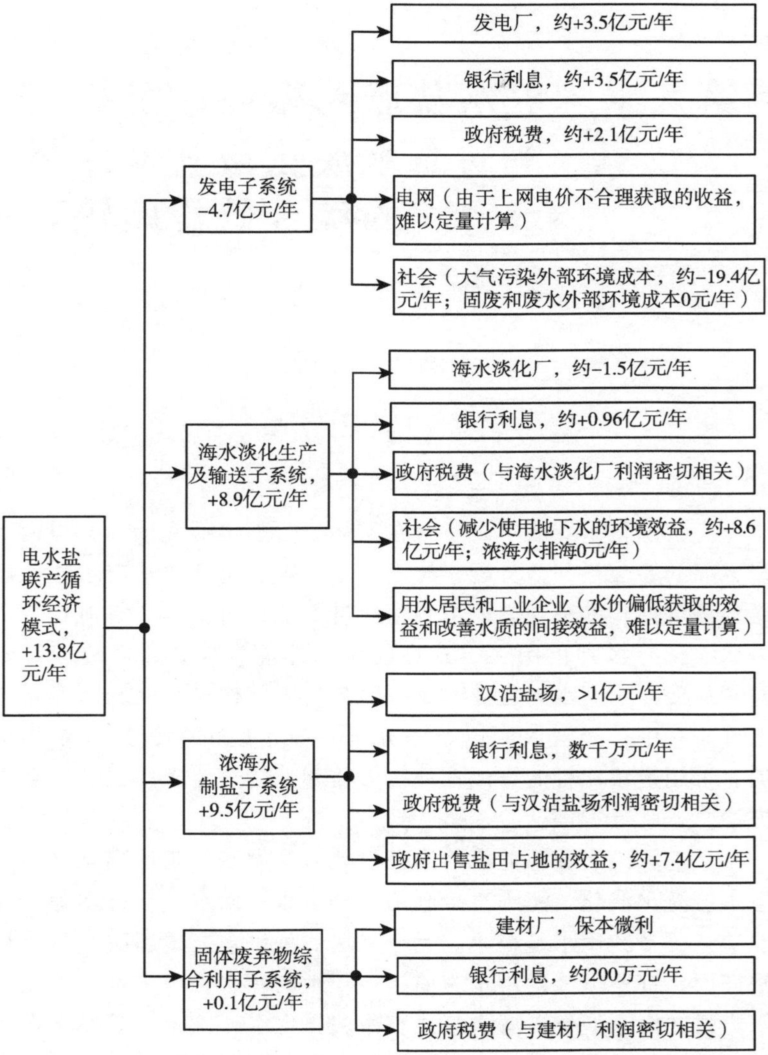

- 电水盐联产循环经济模式，+13.8亿元/年
  - 发电子系统 –4.7亿元/年
    - 发电厂，约+3.5亿元/年
    - 银行利息，约+3.5亿元/年
    - 政府税费，约+2.1亿元/年
    - 电网（由于上网电价不合理获取的收益，难以定量计算）
    - 社会（大气污染外部环境成本，约–19.4亿元/年；固废和废水外部环境成本0元/年）
  - 海水淡化生产及输送子系统，+8.9亿元/年
    - 海水淡化厂，约–1.5亿元/年
    - 银行利息，约+0.96亿元/年
    - 政府税费（与海水淡化厂利润密切相关）
    - 社会（减少使用地下水的环境效益，约+8.6亿元/年；浓海水排海0元/年）
    - 用水居民和工业企业（水价偏低获取的效益和改善水质的间接效益，难以定量计算）
  - 浓海水制盐子系统 +9.5亿元/年
    - 汉沽盐场，>1亿元/年
    - 银行利息，数千万元/年
    - 政府税费（与汉沽盐场利润密切相关）
    - 政府出售盐田占地的效益，约+7.4亿元/年
  - 固体废弃物综合利用子系统，+0.1亿元/年
    - 建材厂，保本微利
    - 银行利息，约200万元/年
    - 政府税费（与建材厂利润密切相关）

图 5－2　天津北疆电水盐联产循环经济模式利益分配（价值流）示意图

第六章　电水盐联产循环经济模式下的海水淡化与其他供用水方式的综合效益比较分析

第一节　研究思路与方法

海水淡化生产成本高导致在实际运行中出现亏损，其原因是多方面的，包括利益分配、技术、政策等。第五章从电水盐联产循环经济模式的利益分配机制角度进行了分析。本章将对比分析海水淡化与多种供用水方式在经济、环境、社会方面的综合效益，从而评判海水淡化技术是否已具备大规模民用化和工业化的条件。其中，经济成本以财务分析（技术经济分析）成本为依据，采用定量比较的方法；环境效益和社会效益采用定性比较的方法。

目前解决水资源危机的途径包括节约用水、长距离调水、地下水、海水淡化、海水直接利用、再生水、雨水、矿井水等。开源节流，节约用水是根本。无论采取哪种供水方式解决水资源短缺问题，都要以节约用水为前提。长距离调水和地下水是常见供水方式，海水淡化、海水直接利用、再生水、雨水、矿井水是非常规水源。天津市为解决水资源危机，大力开发常规水和非常规水源，除矿井水外，其余供水方式均被采用。因此，本研究将比较海水淡化与长距离调水、地下水、再生水、雨水、海水直接利

用的综合效益，如图 6－1 所示，具体分析思路如下：

首先，分析天津北疆电水盐联产循环经济模式下的海水淡化在经济、环境和社会方面的综合效益。在经济性方面，一是将天津北疆电水盐联产循环经济模式下的海水淡化与国内同类项目的生产成本进行比较，即不同的蒸馏法海水淡化项目生产成本的比较，二是将天津北疆电水盐联产循环经济模式下的海水淡化与反渗透法海水淡化项目的生产成本进行比较，即蒸馏法与反渗透法海水淡化生产成本的比较。在环境和社会方面，定性分析海水淡化的正面效益和负面影响（负效益），并分析了天津北疆电水盐联产循环经济模式采取的防治措施。通过分析表明：天津北疆电水盐联产循环经济模式下的海水淡化项目在国内具有代表性，其经济成本在同类项目中处于领先水平，与长距离调水、地下水、再生水等多种供用水方式具有可比性。

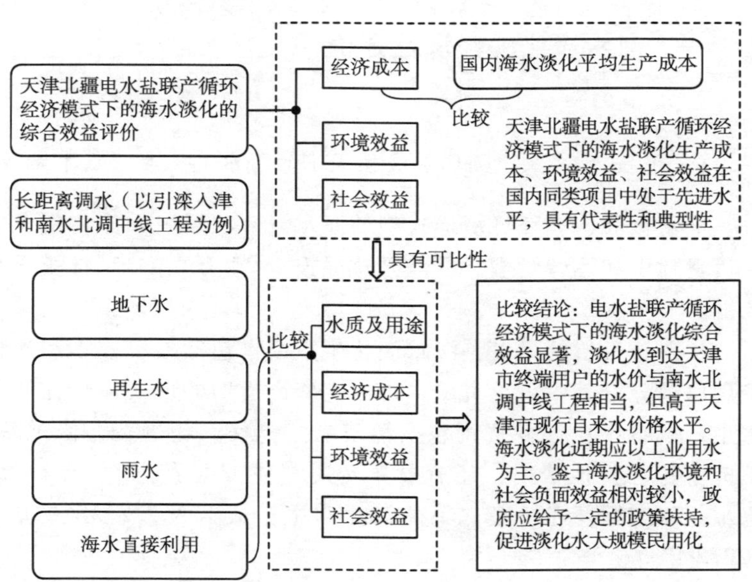

图 6－1　海水淡化与多种供用水方式比较的思路与框架

其次，将天津北疆电水盐联产循环经济模式下的海水淡化与长距离调水（包括引滦入津工程和南水北调中线工程）、地下水等多种供用水方式进行比较。其中，对海水淡化与长距离调水的供水成本进行了全环节（全生命周期）的比较，即分别比较了两种供水方式到达天津市域范围的成本（对于天津北疆海水淡化项目来说，即是淡化水的出厂成本）、进入自来水厂之前的成本、到达终端用户的成本（水价），并与天津市现行自来水价格进行了比较。

通过比较分析，明确海水淡化的发展定位与发展策略。

第二节　海水淡化综合效益评价

一、海水淡化的经济性评价

（一）电水盐联产循环经济模式下的海水淡化生产成本构成

电水盐联产循环经济模式中的海水淡化项目由天津北疆发电厂负责建设和运营管理，目前已建成投产 20 万立方米/日淡化水产能。

从财务分析的角度，海水淡化生产成本包括投资成本和运行费用两部分。其中，投资成本以固定资产折旧的形式体现在淡化水生产成本中；运行费用包括蒸汽费、电费、药剂费、修理费、工资薪酬、其他费用，还有财务费用（主要是利息）。经计算，电水盐联产循环经济模式下的淡化水生产成本为 7.2 元/立方米（2012 年价格）。

从表 6－1 可以看出，在淡化水成本构成中，固定资产折旧、利息和能源成本（包括蒸汽费和电费）分别占总成本的 24%、

21%、41%，可见，投资和能源成本是影响海水淡化成本最主要的因素。促进装备国产化（降低投资总额）、多元化投资（降低利息）、对海水淡化生产实行优惠电价，是降低海水淡化生产成本的可行办法。

表6-1 天津北疆电水盐联产循环经济模式下的海水淡化生产成本构成

序号	明细项目		单位成本（元/立方米）
1	投资回收分摊	固定资产折旧	1.76
2	运行费用	利息	1.54
		蒸汽费	2.54
		电费	0.40
		药剂费	0.65
		修理费	0.17
		工资薪酬	0.12
		其他费用	0.02
3	合计		7.2

（二）电水盐联产循环经济模式下的海水淡化成本与国内海水淡化平均生产成本的比较

根据科技部发布的《海水淡化产业科技发展“十二五”规划》及国家发展改革委公布的有关数据，国外典型的大规模反渗透海水淡化吨水成本已从1985年的1.02美元降至2005年的48美分吨（折合人民币约4元），淡化水出厂价格一般为0.6~0.9美元（折合人民币5~7.5元/立方米）（国家发展改革委环资司，2006）。然而，国外海水淡化应用最广泛的是中东地区，这些地区石油资源非常丰富，能源价格低廉，能源成本在海水淡化总成本中的占比很小。因此，国外海水淡化成本数据只能作为参考，不能作为比较依据。

根据国家发展改革委组织召开的2012年全国海水淡化工作会议有关资料及《海水淡化产业发展“十二五”规划》，我国蒸馏法设备投资为8 000～11 000元/立方米，综合产水成本为6～8元/立方米；反渗透海水淡化投资为6 000～8 000元/立方米，综合产水成本为5～6元/立方米（2012年价格）。与国家发展改革委公布的数据相比，天津北疆电水盐联产循环经济模式的淡化水生产成本（7.2元/立方米，蒸馏法）处于全国平均水平。但需要注意的是，国内海水淡化项目规模一般较小，十万吨级以上的海水淡化项目极少，天津北疆发电厂海水淡化项目在国内规模最大。由于我国尚不具备生产大规模蒸馏法海水淡化技术装备的能力，需要从国外进口关键设备，导致大规模海水淡化工程的投资相对较高，因此，小规模的海水淡化项目比大规模海水淡化项目生产成本低。此外，由于天津地区海水水温低、水质差，预处理成本较高，因而海水淡化成本相对较高。

这里有必要进一步对蒸馏法和反渗透法的海水淡化生产成本进行说明。蒸馏法海水淡化生产成本一般高于反渗透法（一级出水），但蒸馏法和反渗透法适用条件不同、出水水质也不同。首先，在技术工艺方面，蒸馏法和反渗透法对海水水质和水温要求不同。反渗透法对海水水质和水温要求较高，海水水质差会缩短反渗透膜使用寿命，增加膜更换费用。在天津地区反渗透法海水淡化的生产成本要高于国内其他地区。其次，淡化水水质不同。蒸馏法的水质比反渗透法一级出水水质更好，反渗透法如果要达到与蒸馏法出水水质的标准，则需进行二级反渗透，而二级反渗透海水淡化的生产成本和蒸馏法基本相当。因此，不能简单将蒸馏法与反渗透法海水淡化成本进行直接比较，因为二者适用条件、出水水质均不相同。

综上所述，天津北疆发电厂的海水淡化生产成本已达到国内同类设备先进水平。

二、海水淡化的环境效益

（一）正面效益

海水淡化可以大规模增加淡水资源总量。地球上 97.2% 的水资源为海水，相对于有限的淡水资源，海水资源总量丰富。像天津这样的沿海缺水地区发展海水淡化，以海水淡化水作为生活和工业用水，可减少跨流域调水总量，优化沿海缺水地区用水结构；同时可减少地下水开采，改善沿海地区的生态环境。

（二）海水淡化可能带来的环境负效益及电水盐联产循环经济模式采取的防治措施

一般的海水淡化项目可能带来如下资源环境问题。一是能耗消耗。海水淡化是高能耗产业，淡化水生产成本中，30% ~40% 为能耗成本，从某种意义上说是“以能源换水源”。二是浓海水排海对海洋生态环境的影响，如浓海水的盐度、温度、残留的化学药剂等对海洋生物的影响。三是海水淡化厂取水口与排放口会占用一部分海域。

电水盐联产循环经济模式利用发电厂余热进行海水淡化，提高了能源利用效率；将浓海水排向汉沽盐场制盐，无废液排海；发电厂与海水淡化共用取水口，减少占用海域，从而有效地减轻或避免了上述影响。

三、海水淡化的社会效益

海水淡化有利于改善区域供水水质。淡化水具有洁净、高纯度和供给稳定的特点，是安全可靠的高品位水源。尤其是蒸馏法海水淡化采用蒸汽加热冷凝工艺得到淡水，纯度很高，含盐量通常为5～10mg/L，不含细菌和有害元素，是优质纯净水。天津北疆发电厂的海水淡化水，经国家认证认可监督管理委员会资质认定的国家城市供水水质监测网滨海监测站检验，106项指标全部符合《国家饮用水卫生指标》的规定，可以大规模进入市政管网作为生活饮用水。天津地区自来水口感微咸，淡化水与自来水掺混调节后水质得到改善，使18万名常住居民受益。海水淡化基本没有社会负面影响，如与长距离调水相比，不存在移民搬迁安置等社会问题。

第三节　海水淡化与其他供用水方式的综合效益比较

一、不同供用水方式的综合效益评价

（一）引滦入津工程

1. 引滦入津工程概况。

天津市自身水资源严重缺乏，主要依靠外调水和超采地下水维持生产生活用水需求。引滦入津工程是天津市目前最大的稳定的外来供水源，是新中国成立以来第一个大型跨流域引水工程，全长234千米，于1983年建成通水。该工程引水源头为滦河流域的潘家口水库（位于河北省承德市迁西县境内），经大黑汀水库调蓄引出，穿越专用隧洞经黎河进入天津市境内的于桥水库，再沿州河暗渠进入专用输水明渠，经过尔王庄暗渠泵站提升进入天津市区。

2. 经济成本分析。

理论上讲，从水源地到用户的终端水价应包含工程水价、资

源水价、环境水价。其中，工程水价由水源工程（潘家口水库建设等）、主体输水工程（从潘家口水库到天津市）、城市配套输水工程（原水进入天津市以后到自来水厂）和城市制水配水工程（天津市自来水厂到用户）的固定资产折旧、利息、工资福利费、管理费、修理费、利润和税金等构成。资源水价体现水资源的稀缺性和产权属性。水资源所有权属于国家，任何单位或个人开发利用水资源均需要支付一定的费用，目前主要以征收水资源费的形式体现。环境水价是对水资源开发利用活动造成生态环境功能下降的经济补偿，如过量引水造成河道水位下降、断流、干涸，导致河道自净能力下降，水质恶化，影响水生生物生存等。

目前，从潘家口水库引入天津市自来水厂的原水成本价格约为1.75元/立方米，经过自来水厂的处理工序、管网折旧，总成本约为4元/立方米，再加上水资源费和污水处理费，到终端用户成本水价约为6.4元/立方米。但是，天津市现行居用水价格为4.9元/立方米、工业用水价格为7.85元/立方米。可见，天津市现行居民用水价格尚不足以弥补供水工程的成本。如果对水源地进行生态补偿，则供水成本将进一步提高。

3. 环境效益及生态补偿问题。

引滦入津工程向天津市多年来的年均供水量为5.4亿立方米，有效地解决了天津市的用水危机，结束了天津市人民喝苦咸水、高氟水的历史，缓解了工业用水紧张局面，减轻了地下水开采强度，是天津市经济社会发展和人民生活安全的“生命线”。

但是，由于水资源使用权不明晰导致水资源被过度开发，影响了库区生态环境，并出现了环境污染问题。滦河多年平均径流量44.5亿立方米，而设计外调水量为19.5亿立方米（按75%供水保证率，其中6.5亿立方米分配给河北省唐山市，10亿立方米分配给天津市），外调水量占多年平均径流量的45%，接近国际上公认的流域水资源开发程度的阈值（40%），对滦河生态环

境造成了一定的影响，水库实际供水量远低于设计要求（李春丽和别君霞，2009）。同时，由于当地居民并不使用水库水，对水库的保护不力。随着调水沿线地区经济迅速发展，废水、废渣、化肥、农药的排放量逐年增加，尤其是近年来潘家口和大黑汀水库周边地区采选矿业的废矿渣、尾矿砂、废石料直接或间接地排入水库，侵占了库容，污染了水源。此外，回流的库区移民数千人在水库养鱼，导致水库水质出现富营养化，严重影响了天津市用水安全（王立林和王鸿雁等，2008）。

承德市要求进行生态补偿的诉求非常强烈。潘家口、大黑汀水库所在的承德市经济发展落后，全市 8 个县中有 5 个国家级贫困县，但一直肩负着向天津和北京供水的“政治任务”，在产业发展方面受到一定限制。引滦入津工程建成以来，累计向天津市安全供水 200 亿立方米以上，然而承德市几乎没有得到生态补偿资金，既没动力也没资金对水资源进行保护。调水沿线水资源受到污染，天津市不得不投入资金进行治理。

水资源所有权归国家所有，但调水减少了水源地地区人民使用水资源的权利，水资源过度开发还造成了生态环境问题，移民安置也需要大量资金。因此，天津市应对调水地区进行生态补偿。目前，天津市自来水价格中收取的水资源费全部作为南水北调基金（根据用途不同收取不同的水费，其中居民生活用水收取 1.39 元/立方米），用于天津市建设南水北调工程天津配套工程的建设资金，而对承德市迁西县的生态补偿尚未到位。

综上所述，引滦入津工程原水价格偏低，应逐步调整，以弥补工程供水成本，并对水源地进行生态补偿。如果将所有的成本均考虑在内，天津市水价将进一步上涨。

（二）南水北调中线工程

1. 工程概况。

南水北调中线工程水源地为湖北省境内的汉江中上游的丹江

口水库，主要向河南、河北、天津、北京四省（市）提供生活和生产用水。该工程自丹江口水库的陶岔渠首闸引水，经长江流域与淮河流域的分水岭方城垭口，沿唐白河流域和黄淮海平原西部边缘挖建渠道，在河南省郑州市附近通过隧道穿过黄河，沿京广铁路西侧向北进入河北省，在徐水县分水两路，一路向北进入北京市团结湖，另一路向东为天津市供水，如图 6－2 所示。

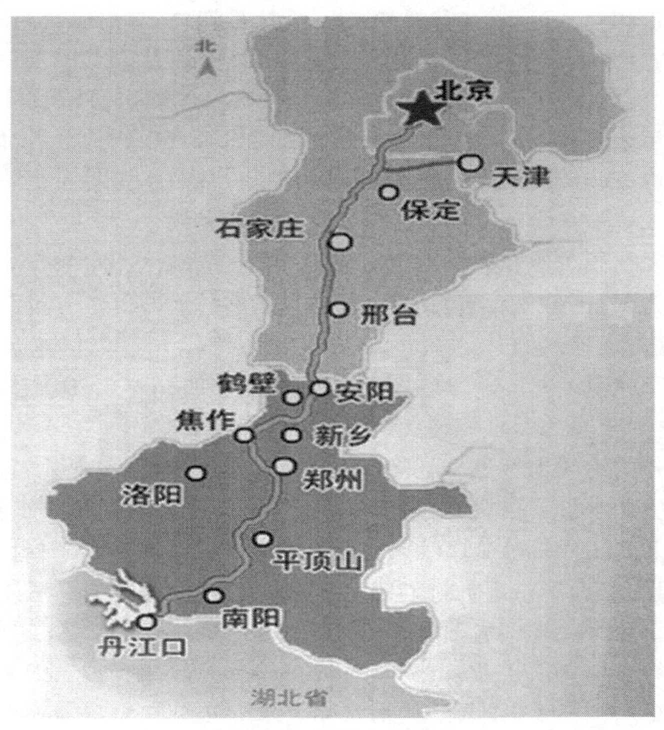

图 6－2 南水北调中线工程示意图

南水北调中线天津干线工程是南水北调中线总干渠的一部分，始于河北省保定市徐水县，终点位于天津市外环西侧、西青区曹庄泵站。然后与天津配套工程相连接，向天津市中心城区、西部、南部和东部供水。

南水北调中线工程前期工作开始于20世纪50年代初，2003年底开工建设，2014年汛期后全线通水，可向天津市供水10.15亿立方米/年。

2. 经济成本分析。

南水北调工程水到达用户的终端水价由水源工程（丹江口水库建设相关工程）、主体输水工程（从丹江口水库到天津市分水口门）、专用配套工程（由天津市分水口门到自来水厂入口）和城市制水配水工程（城市自来水厂和管网）四个环节发生的成本、税金和利润，再加上水资源费和污水处理费构成。各环节水价采取逐步结转成本的方法测算，即下一环节水价等于上一环节原水成本加上本环节发生的成本、税金和利润。

根据相关研究成果，南水北调工程水到达天津市分水口门的价格为1.6~3.1元/立方米；到达自来水厂前的价格为3.3~4.1元/立方米；经自来水厂处理并输送到终端用户，供水成本为5.6~6.4元/立方米；再加上水资源费（居民水价中征收1.39元/立方米）和污水处理费（居民水价中征收1元/立方米），到达用户的终端水价为8.0~8.8元/立方米。如表6-2所示。

上述水价是按资本金利润率1%测算的结果，在此水平下，南水北调工程将承受比较大的财务风险。根据《水利工程供水价格管理办法》，供水价格的制定原则是：补偿供水生产成本、费用和税金，并按供水工程净资产率提取利润。其利润率按国内商业银行长期贷款利率加2%~3%，即取8%较为合理。如果按照资本金利润率8%测算，则南水北调水到达终端用户的水价将显著提高。

3. 环境效益和社会效益。

（1）正面效益。资源方面：南水北调工程可以跨流域优化配置水资源，有效缓解北方地区的水资源短缺问题。环境方面：对于受水地区，可以避免因生产和生活用水而挤占农田、森林、

表 6-2　　关于南水北调中线工程（一期）天津市与北京市水价的主要研究成果汇总　　单位：元/立方米

序号	输水干线工程水价（到天津市分水口门）		配套工程水价（进自来水厂前）		终端水价		数据来源
	当年价	2012 年价格	当年价	2012 年价格	当年价	2012 年价格	
1	1.19~2.28	1.6~3.0	—	—	—	—	水利部南水北调规划设计管理局：韩亦方（2003）
2	2.07	2.6	—	—	5.15（不包括水资源费和污水处理费）	8.8（包括水资源费和污水处理费）*	天津市水利勘测设计院：张欣、彭新德等（2005）
3	2.81	3.1	—	4.1*	—	8.8*	北京师范大学、水利部发展研究中心：王冠军、刘昌明（2009）
4	1.94	1.9	—	—	6.83-7.13	6.83-7.13	郑州大学、黄河流域水资源保护局：吴泽宁、董淼蕾等（2013）

续表

序号	输水干线工程水价（到天津市分水口门）		配套工程水价（进自来水厂前）		终端水价		数据来源
	当年价	2012 年价格	当年价	2012 年价格	当年价	2012 年价格	
5	2.03	2.2	3.03	3.3	—	—	中国水利水电科学研究院：秦长海、裴源生等（2010）
6	3（到北京）	3.7	4（到北京）	4.9	—	—	水利部发展研究中心：黄河（2006）
7	3.9（到北京）	3.9	6.4（到北京）	6.4	9.14（到北京）	9.14	中国水利水电科学研究院：徐鹤（2013）

注：1. 表中终端水价指到达用户终端的价格，均包括水资源费和污水处理费。

2. * 为笔者根据表中其他数据测算。

湿地、城市绿地的生态用水，为恢复和改善区域生态环境奠定基础；避免地下水超采，阻止海水入侵，缓解地下漏斗现象，减缓地面沉降趋势。社会方面：有助于缓解水源区的洪灾和受水区的旱灾；改善天津地区饮水质量，进一步降低高氟水、苦咸水使用比例，提高居民生活质量；工程大规模的投资将拉动沿线城市经济社会发展。

(2) 负面影响。资源方面：调水只是使淡水资源发生空间位移，但并没有增加淡水资源总量，减少了调水地区人民享受水资源的部分权利；调水将会淹没或占用部分土地（耕地、林地、居住用地）。环境方面：三峡工程和南水北调工程同时作用，可能会引发长江流域生态危机，如淹没库区周围的植被，减少河流多年平均径流量，造成河口地带的咸水入侵，打乱原来的生物链循环系统等。调水河流水量减少，在枯水期会增加沿河两岸的干旱程度；还会增加泥沙的淤积量，使丰水期河流发生洪灾的频率增加（程海燕，2008）。此外，南水北调中线工程还未正式通水，库区污染问题已经显现，如非法发展旅游、餐饮、水上娱乐、网箱养殖以及非法采矿等问题，污水随意排放，沿江两岸垃圾和江面漂浮物随处可见。这些现象与引滦入津工程现状惊人的相似。许多人担心南水北调北水输送到天津已经成为"污水"。社会方面：南水北调中线工程涉及湖北和河南两省 33 万人搬迁，尽管政府对移民给予一定的经济补偿，但移民安置也可能引发局部地区的社会问题，如新职业的选择、子女教育，以及与当地居民的社会融合等问题。此外，南水北调工程实施后可能会影响长江三峡水利枢纽工程原有的蓄洪及发电作用；在旱季和枯水期，对长江航运影响较大。

（三）地下水

地下水是指贮存于地表以下岩土层中的水的总称，具有地域分布广、便于开采、水质良好、径流缓慢等特点，可随时接受降水和地表水体补给，是工矿企业、农业灌溉和城市生活用水的重要水源。但是，过度开采地下水会引起沼泽化、盐渍化、滑坡、地面沉降等生态环境问题。天津市部分地区由于过度开采地下水，已出现地下水水位下降、地面下沉、海水倒灌等现象。为此，天津市严格控制地下水开采量，划定了禁采区和限采区。由于开采地下水工程量小、成本低，目前仍存在偷采地下水现象。2011 年，天津市地下水供水总量为 5.82 亿立方米，约占总供水量的 1/4，所占比例仍然相当大。到 2015 年，天津要将深层地下水开采量控制在 2.1 亿立方米以内，比 2011 年减少约 64%，实际用水量超过用水总量控制指标的部分，由再生水、海水淡化等非常规水源补充。

（四）再生水

再生水是指城市污水经适当处理后，达到一定的水质指标，满足某种使用要求，可在一定范围内重复使用的水，一般作为非饮用水。虽然从技术上来说，污水经过深度处理后可以达到饮用水标准，但由于人们的接受意愿和成本问题，再生水一般不作为饮用水。

1. 再生水利用概况及用途。

在国外，使用再生水已非常普遍，美国、日本、以色列等国都大量使用再生水。早在 1987 年以色列城市再生水回用率（指再生水利用量/污水处理量）已高达 72%。北京市再生水利用处于全国领先水平，2010 年再生水利用率达到 50%。天津市各市区和县区均建设了污水处理厂，部分污水处理厂已配套建设再生水厂，利用率不到 15%，利用量不到当年总用水量的 1%（刘伟忠、刘帅，2008；曹雅、汲奕君、朱坦等，2013）。

再生水水量、水质较为稳定。城市污水量大且集中，不受季节和气候影响，水量水质变化幅度小，是可以恒量供水的水源。2011 年天津市废水排放总量为 6.7 亿立方米，这些废水如果经过

深度处理即可达到再生水水质标准，可见天津市再生水利用发展潜力很大。

再生水用途广泛，可用于农业灌溉、工业生产、景观河道补水、市政及生活杂用、地下水回灌等。一是农业灌溉。经过处理后的再生水含有丰富的营养物质，可以被农作物吸收利用，如污水处理厂的二级出水能够促进农作物对镁的吸收，促进光合作用。二是工业生产。再生水可可用作化工、电力等行业的工业冷却水、工艺用水等。其中，冷却塔补给水需水量大，需求稳定，对水质要求不高，是再生水稳定的用户。三是补充景观水体。天津市气候干旱，降水量是蒸发量的1/3，加之地下渗透，景观水体需要补给的水量很大。天津市经济技术开发区和中新天津生态城的人工湿地景观工程均采用了再生水。四是市政及生活杂用，如用于城市绿地浇灌、环卫洒水车清洁除尘、洗车、厕所冲洗等。天津市要求所有新建小区都建设再生水供水管网系统。五是地下水回灌。天津地区由于长期抽采地下水，地面下沉，可以考虑用再生水进行地下回灌。

2. 经济成本分析。

根据对天津地区的实地调研及相关研究成果（李璨，2010）表明，再生水成本约为2元/立方米（包含污水处理成本），低于长距离调水和海水淡化成本，特别适用于输送距离不太远的工业企业、景观用水等。但是再生水输送管网投资较大，再生水输送成本高，城市绿地浇灌、施工降尘、洗车等主要靠车辆运输，如果加上输送成本，再生水成本并不低，甚至超过自来水价格。此外，如果发展分散式再生水处理工程，就地利用再生水，一些规模偏小的再生水工程，其处理成本很高，导致企业宁愿使用自来水，不少再生水系统设备闲置和浪费。

目前，天津市再生水实行分类水价，具体是：居民用水每立方米2.20元；发电企业用水每立方米2.50元；其他用水（包括工业、行政事业、经营服务业、洗车、临时用水等）每立方米

4.00 元。与北京市再生水价格（1 元/立方米）相比，天津市再生水价格已相对较高，达到了弥补污水处理成本的水平；但对于较远的输送距离和分散使用，则其输送成本高，制约了再生水大规模使用。

3. 环境效益和社会效益。

正效益。再生水利用属于循环利用水资源，有利于减少水资源消耗总量，提高人们的节水意识。大规模推广利用再生水，可以带动污水处理行业发展，提高污水集中处理率，减少污水直接排放带来的污染问题。如果利用再生水进行地下回灌，还可以减少地下漏斗，降低天津地区地面下沉速度。

潜在的环境风险。再生水中的氮、磷等营养物质可能会引起景观水体发生富营养化，使得水体透明度下降，水体浑浊，甚至发生臭味，使水体的旅游观光价值大减，甚至丧失观赏功能；再生水中的肠道病原体可能会对人体健康产生影响，不宜用作观赏性喷泉。当然，只要严格监控再生水水质，这些环境风险是可以有效避免的。

4. 再生水推广使用面临的其他问题。

管网设施不配套是影响再生水推广利用的重要瓶颈。尤其是城市老旧小区，过去没有配套建设再生水管网，加之以往的污水处理厂在布局时没有考虑再生水回用问题，已建成的污水处理厂多位于郊区和偏僻地区，将水引入市区需要铺设大量管网，投资巨大。而地方政府财力有限，社会资本介入程度不高，造成投入不足，再生水行业发展缓慢。此外，人们对再生水水质存在疑虑，担心再生水不安全、不卫生，从心理上拒绝使用再生水，也制约了再生水的推广使用。

（五）雨水

通过规划设计和一定的工程措施，可以将雨水蓄积起来作为水源。许多发达国家已建立较为完善的雨水收集系统，将收集的

雨水用于冲厕、洗衣、浇洒庭院、洗车和回灌地下等。例如，德国的雨水利用方式主要包括屋面雨水集蓄、雨水屋顶花园利用、雨水截污与渗透及生态小区综合利用。日本从20世纪60年代开始收集利用路面雨水，并将雨水渗沟、渗塘及透水地面建设等纳入城市总体规划。

我国在防洪拦蓄方面做了不少工作，但在城市雨水利用方面起步较晚。天津市积极调配和拦蓄雨洪水，投资建设了天津市北水南调工程，利用汛期北部北运河洪水解决南部静海区干旱问题；修建各类农村蓄水工程10 000余座；在新区建设方面积极探索利用雨水，如中新天津生态城建立了屋顶、道路、小区、广场、绿地的雨水收集利用系统，收集到的雨水主要用于景观补水。2007年，天津市汛期抢蓄雨洪水2.26亿立方米。

雨水资源如果能收集利用，其数量还是相当可观的，一般就地利用成本也比较低。但天津市以往的建筑在设计时没有考虑雨水收集问题，许多建筑物有较好的排水设施，却没有蓄水设施，无法将雨污水进行收集利用。

（六）海水直接利用

海水直接利用是指以海水为原水，直接替代淡水作为工业用水和生活用水。全球直接利用海水作为工业冷却水约6 000亿立方米/年。我国沿海地区海水利用已有一定基础和规模，主要用于电力、化工、石化等企业，电力企业利用海水作冷却水量约占全国海水直接利用总量的90%左右。天津北疆发电厂、大港发电厂、天津碱厂、大沽化工厂等均使用了海水，用于工艺冷却水、冲灰或冲厕等。

沿海地区直接利用海水就地取材、成本低，可以减少淡水资源使用量。另一方面，将海水作为循环冷却水，经过一定次数的循环利用后，其温度有所增加，加入的各种药剂会引起海水水质变化，因此，直接排放也会在一定程度上影响海洋生态环境。天津北疆发电厂将循环冷却水直接排向汉沽盐场，实现了对海洋水体的“零排放”，从源头避免了这种影响。

二、海水淡化与多种供用水方式的比较分析

（一）淡化水水质优于自来水，用途广泛；再生水、雨水、海水适用于对水质要求不高的领域

先区分各类可获取的水资源的水质和用途，才能确定其在经济、环境、社会效益方面的可比性。

从水质来看，淡化水品质最高；其次是长距离引水和地下水；再生水、雨水、海水品质较低，不能直接饮用。

水质和经济成本决定了用途。淡化水水质高，几乎可以用于工农业生产和生活所有领域，但由于经济成本较高，一般用作饮用水、工业用水，尤其适用于工业高端用水；长距离调水和地下水主要用于饮用水、工农业生产；再生水主要用于农业灌溉、工业生产低端用水、城市景观、市政及生活杂用、地下水回灌等；雨水主要用于冲厕、洗车和回灌地下等；海水直接利用主要是用于工业循环冷却水。

从适用区域范围来看，海水淡化和海水直接利用只适合沿海及近海区域，以及海岛、内陆苦咸水丰富地区；长距离调水可实现跨区域大规模水资源配置；再生水、雨水、地下水适合任何区域，在本区域范围内使用。

（二）地下水开采和使用成本低；再生水、雨水、海水就地利用成本较低，但输送成本较高；海水淡化水到终端用户的成本与长距离调水相当，但高于天津市现行自来水价格

总体看来，海水淡化和长距离调水的经济成本高于地下水、再生水、雨水和海水直接利用。但是开采地下水环境成本太高，

应限制开采；再生水、雨水、海水直接利用与淡化水的用途范围明显不同。因此，本小节只对海水淡化和长距离调水的经济成本进行比较。

1. 比较边界的确定。

已有研究对海水淡化与长距离调水经济成本的比较边界模糊不清，如将淡化水出厂价与自来水价格进行比较，或者将淡化水出厂价与南水北调工程水到达天津市域范围的成本水价进行比较，忽略了淡化水的输送成本、自来水厂的处理成本、现行自来水价格中包含的污水处理费和水资源费等。本研究将对海水淡化与南水北调中线工程、引滦入津工程的经济成本进行全环节的比较，具体分为四个比较节点：一是长距离调水进入天津市域范围，对于海水淡化厂则指淡化水出厂价；二是进入自来水厂之前；三是经自来水厂处理并输送到终端用户的成本水价；四是终端水价（包含水资源费和污水处理费）。

设南水北调水到达天津市域范围的水价为 P_1，进入自来水厂之前的原水价格为 P_2，经自来水厂处理并输送到终端用户的成本水价为 P_3，终端水价（即终端用户需支付的水价，包含水资源费和污水处理费）为 P_4，则

$P_2 = P_1 + \Delta P_1$

$P_3 = P_2 + \Delta P_2 + \Delta P_3$

$P_4 = P_3 + Pw + Pr$

其中，ΔP_1 为南水北调水到达天津市域范围后到自来水厂的输送成本，ΔP_2 为自来水厂对原水的处理成本，ΔP_3 为从自来水厂到终端用户的输送成本，Pw 为污水处理费，Pr 为水资源费。

与之类似，海水淡化水的供水成本也可分为上述四个节点，如图 6－3 所示。

2. 海水淡化与南水北调工程全环节供水成本的比较。

根据相关研究成果，南水北调工程水到达自来水厂的成本约为 3.3～4.1 元/立方米，经天津市自来水厂处理并输送到终端用

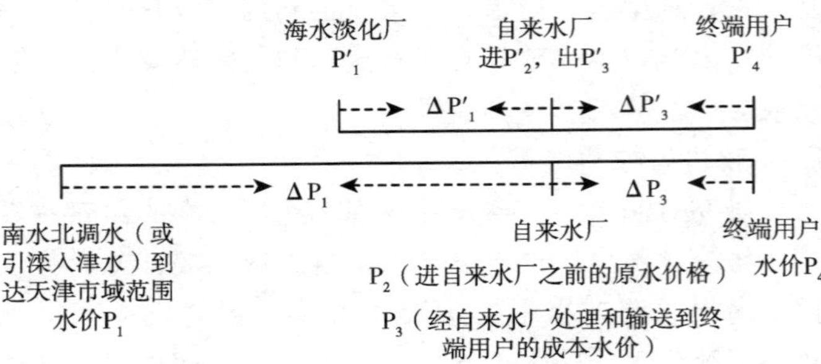

图 6－3　海水淡化与长距离调水从源头到终端用户全环节的供水成本比较示意图

户的成本约为 5.6～6.4 元/立方米，加上污水处理费和水资源费后的终端水价将达到 8.0～8.8 元/立方米。

天津北疆电水盐联产循环经济模式下的海水淡化水生产成本约为 7.2 元/立方米，到达自来水厂的成本约为 7.86 元/立方米；但是由于淡化水水质纯净，自来水厂再处理成本较低，经自来水厂处理后的供水成本约为 8 元/立方米。水资源体现了淡水资源的稀缺性，海水淡化属于淡水资源增量技术，其取用海水的费用已体现在海水淡化厂的海域使用费上，不应该再征收水资源费。污水处理费主要用于对污水处理厂成本的弥补，从理论上讲，淡化水水价也应包污水处理费。为了促进淡化水的使用，天津市目前对淡化水暂不征收污水处理费和水资源费。因此，在不征收水资源费和污水处理费的情况下，淡化水到达用户终端的价格为 8 元左右；在不征收水资源费、只征收污水处理费的情况下，淡化水到达用户终端的价格为 9 元左右。

可见，海水淡化水到达用户终端的水价与南水北调水相当。如表 6－3 所示。

表6-3　　海水淡化与长距离调水从源头到终端用户全环节的供水成本比较

名称	到天津市域范围	到达天津市自来水厂	经自来水厂处理并输送到终端用户	终端水价（包括污水处理费和水资源费）
海水淡化	7.2	7.86	8	8～9*
南水北调工程中线（一期）	1.6～3.1	3.3～4.1	5.6～6.4	8.0～8.8
引滦入津工程	—	1.7	4	4.9（居民）、7.85（工业）

注：*海水淡化水到达用户终端的水价不包括水资源费和污水处理费为8元/吨，包括污水处理费为9元/吨，均为2012年价格水平。

3. 海水淡化与城市自来水价格的比较。

天津市现行自来水价格为：居民用水4.9元/立方米，工业、行政事业和经营服务用水为7.85元/立方米，特种行业用水为22.25元/每立方米，其综合水价远低于天津北疆发电厂淡化水和南水北调水的终端测算水价，淡化水在经济成本上目前尚无法与城市自来水进行竞争。

但是，现行自来水价格普遍偏低。引滦入津工程是天津市现有主要外来供水水源，到达天津市自来水厂的原水价格约为1.75元/立方米，经自来水厂处理并输送到终端用户的供水成本约为4元/立方米，加上水资源费和污水处理费，到终端用户的供水成本约为6.4元/立方米，高于天津市现行居用水价格（4.9元/立方米）。可见，现行居民水价尚不足以弥补供水工程的成本。如果对水源地进行生态补偿，则供水成本将进一步提高。根据北京市自来水集团公布的成本费用，其2012年的售水成本为3.19元/立方米，而实际售水价格为1.7元/立方米（不包括水资源费和污水处理费），每售一立方米水亏损约 1.49 元（北京市自来水集团，2014）。天津市和北京市自来水价格在全国处于较高的水平，其水价尚不足以弥补供水成本，更别提国内其他中小城市的情况。如果加上对水源地的生态补偿费用，则供水成本将会进一步增加。

目前，在天津市政府的协调下，天津北疆发电厂淡化水以 4.68 元/立方米的出厂价出售给输水公司，输水公司再将淡化水以 2.5 元/立方米出售给自来水厂。天津北疆发电厂淡化水亏损约 2.52 元/立方米。输水公司亏损约 1.5 元/立方米，采取挂账方式处理。

随着南水北调水进入天津市，以及对引滦入津工程水源地生态补偿的到位，天津市自来水价格必将进一步上涨，淡化水将具备与自来水竞争的实力。

（三）以电水盐联产循环经济模式发展海水淡化，其环境影响远低于长距离调水；再生水、雨水、海水直接利用的环境影响较低；过度开采地下水造成严重的生态环境问题

海水淡化以海水为原料，可以大规模增加淡水资源总量。但海水淡化能耗较高，淡化后的浓海水如果直接排海会对海洋生态环境造成一定影响，需妥善解决；会占用部分土地和海域。电水盐联产循环经济模式有效减轻或避免了这些问题。

长距离调水可以实现大规模跨流域调水，缓解部分地区的水资源危机，但只是改变了淡水资源的时空分布，并不能增加淡水资源总量。对水源地及输水沿线的生态环境会产生较大影响；输水沿线的水污染问题也需引起关注；需占用大量土地。

利用再生水属于循环利用资源，可以降低水资源消耗总量，减少污水排放；再生水回灌地下水，还可以减缓地面下沉速度。值得注意的是，污水处理厂（再生处理厂）能耗也较高。

雨水收集利用、海水直接利用均是减少水资源消耗总量的有

效措施。海水直接利用后水温、水质有所变化，需注意直接排海对海洋生态环境的影响。

地下水资源有限，过度开采地下水对区域生态环境影响较大，应视情况限制或禁止开采。

（四）海水淡化有利于改善区域供水水质；长距离调水一般需要大规模移民，海水淡化则无类似问题；使用再生水、雨水等有利于提高人们的节水意识

发展海水淡化产业有利于促进区域经济发展，带动就业；有利于改善区域供水水质，提高人民生活水平。长距离调水的高投资可以有效拉动地区经济发展，但需大规模移民，容易引发社会问题。使用再生水、雨水等有利于提高人们的节水意识，促进节约用水。

综上所述，不同的供用水方式在经济、环境、社会、用途、适用范围等方面各有优劣势。海水淡化环境影响和社会影响较小，在经济成本上也可与南水北调水竞争，但高于天津市现行居民用水价格，与工业用水价格相当，具有很大的发展潜力。

海水淡化与多种供用水方式的综合效益汇总如表6-4所示。

表6-4 电水盐联产循环经济模式下的海水淡化与多种供用水方式的综合效益比较

名称	经济性	环境效益（影响）	社会效益（影响）	用途及适用范围
海水淡化	8~9元/立方米	可以大规模增加淡水资源总量。能耗高，一般海水淡化的浓海水直接排海对生态环境影响较大，天津北疆发电厂实现了"零排放"	改善区域供水水质	其原料海水量巨大，可以大规模发展海水淡化。淡化水是高纯水，可用作饮用水、工业用水。主要适用于沿海及近海区域，内陆具有苦咸水的地区也可应用脱盐技术

续表

名称	经济性	环境效益（影响）	社会效益（影响）	用途及适用范围
南水北调	8～8.8元/立方米	有效缓解部分地区的水资源危机；兼具防洪抗旱功能。对水源地及输水沿线的生态环境影响较大	大规模移民带来的社会问题	水量有限。用于工农业生产和生活。可实现大规模跨区域调水
再生水	处理成本2元/立方米，输送成本高	替代新鲜水，减少水资源消耗总量；减少污水排放。污水处理厂能耗较高	提高人们的节水意识	用于农业灌溉、工业生产低端用水、城市景观、市政及生活杂用、地下水回灌等。不受时空范围限制
雨水	就地利用成本低，输送成本高	替代新鲜水，减少水资源消耗总量	提高人们的节水意识	用于冲厕、洗车和回灌地下等。受时季节、气候、区域地理位置影响大，水量不稳定
海水直接利用	就地利用成本低	减少淡水资源消耗总量。用后直接排海可能对海洋生态环境造成影响	—	用于工业循环冷却水
地下水	成本低	过度开采地下水对区域生态环境影响很大	—	工农业生产和生活。限制开采

三、由比较结论看海水淡化的发展定位与发展策略

海水淡化可作为南水北调工程的重要补充，作为战略性新兴产业扶持其发展。天津市在长距离调水的同时，应大力发展海水

淡化，形成多种水源共同发展的供水局面，并且严格控制地下水开采，有效解决区域水资源短缺和水生态环境问题。

现阶段天津北疆发电厂的淡化水成本高于居民用水价格，与天津市工业用水价格相当。因此，淡化水大规模民用化的条件还不具备；寻求大型工业用水企业实行直供水，是天津北疆发电厂淡化水目前较好的出路。此外，电力、石化、电子电器等行业需使用大量的高纯水，在没有淡化水的情况下，这些工业企业一般用自来水为原料加工生产高纯水，其成本在 10 元/立方米以上，淡化水作为这些企业的高端用水前景广阔。

长期以来，城市自来水价格没有体现资源稀缺程度、生态环境损害成本，甚至不能弥补供水成本，水价整体偏低，水价改革势在必行。国家“十二五”规划纲要明确提出，要“继续推进水价改革，完善水资源费、水利工程供水价格和城市供水价格政策”。天津市也制定了水价改革方案。南水北调水到达天津后，水价将进一步上涨。

相对于长距离调水、开采地下水等供水方式，以电水盐联产循环经济模式发展海水淡化的环境影响较低，并且向市政工程供水具有公共事业属性。因此，政府应对海水淡化产业发展进行适当的扶持，以促进淡化水大规模民用化。

随着海水淡化扶持政策的出台和自来水价格改革的推进，淡化水成本和自来水价格之间的差距将逐步缩小，淡化水将具有更强的竞争力，海水淡化大规模民用化将成为可能。

第七章　电水盐联产循环经济模式运行面临的体制机制障碍及改革对策

第一节　存在的问题

一、生产实践中存在的问题

通过上述各章节的分析表明，电水盐联产循环经济模式整体上虽然取得了良好的经济效益和环境效益，但在生产实践中还存在一些问题，主要包括如下四个方面：

（一）发电厂二氧化碳排放量大，环境成本较高

天津北疆发电厂的大气污染物排放已达到国家相关环境标准，其外部环境成本比国内常规燃煤发电厂低很多，甚至比同类型的超临界机组还要低。但是由于国家对发电厂二氧化碳排放还没有明确要求，天津北疆发电厂排放大量二氧化碳，造成了较大的环境成本，其边际私人成本小于边际社会成本。

（二）海水淡化厂处于亏损状态

天津北疆发电厂的海水淡化成本为 7.2 元/立方米，高于天

津市现行城市自来水价格，淡化水难以进入供水市场，海水淡化厂出现了亏损，产能闲置，造成资源浪费。

淡化水是增加淡水资源总量的技术，对改善区域供水水质、减少地下水开发、带动区域经济社会发展具有重大意义，但这种间接效益难以通过市场机制自发实现，导致企业边际私人效益小于边际社会效益。究其原因有很多：一是政策差异导致的海水淡化与水利工程的不平等竞争；二是国内海水淡化技术装备落后，部分关键设备需要进口，从而导致投资较高；三是城市水务管理体制问题等。

（三）淡化水输水管网不配套

淡化水纯度很高，pH 值更接近 7，也就是说相对更接近中性。传统市政管网一般是铸铁管，淡化水会溶解铁管内部的碳酸钙或铁锈，造成出水有杂质或呈现黄色。天津北疆发电厂目前将淡化水与普通自来水按照 1∶3 比例进行混合，再进入市政管网，以减少其对管网的腐蚀。由于没那么多的普通掺混水，原汉沽区水厂每天最多能接收 1 万吨淡化水，制约了淡化水的大规模应用。

目前，解决淡化水输送问题主要有三种方式：一是调用更多的自来水进行掺混；二是对传统输水管网进行改造；三是建设新管网，将淡化水直接输送到耗水量大的工业企业。新建或改造市政管网是一项庞大的工程，涉及海水淡化布局、资金来源和水务管理体制等诸多因素，仅仅依靠企业或地方政府无法单独完成。

（四）盐场规模限制了海水淡化产能

利用浓海水晒盐是电水盐联产循环经济模式的重大创新，但盐场规模是有限的，目前汉沽盐场接纳浓海水的能力已经饱和，无法进一步扩大海水淡化生产规模。

我国北起辽东半岛，南到海南岛，几乎都有盐场分布。海盐产量最大的盐场主要分布于河北省和天津市渤海沿岸。其中，长芦盐场（包括塘沽、汉沽、大沽、南堡、大清河等盐田）产量占全国海盐总产量的四分之一。天津、河北部分城市、北京、大连等城市均属于严重缺水地区，可推广应用电水盐联产循环经济模式，联产电能、淡化水、原盐及盐化工产品，还可以节约部分盐田占地。但是，盐场一般位于滨海新兴开发区，这些地区土地资源越来越稀缺，盐场占地面积大，许多地方规划缩减乃至停止有关盐场生产。如天津市规划停产塘沽盐场（面积约 260 平方公里），盐场占地将用于开发建设滨海新区中部新城。天津大港新泉海水淡化厂的浓海水目前就是排向塘沽盐场，如果塘沽盐场停产，则其浓海水排放将成为巨大的问题。此外，对于国内不具备晒盐场的地区，也不能按照现有的浓海水晒盐方式来发展电水盐联产循环经济模式。因此，必须创新浓海水综合利用方式，探索新的利用途径。

二、体制机制障碍分析

电水盐联产循环经济模式是在国家激励政策与约束政策的双重作用下，企业打破常规技术路径，大胆进行创新的结果。一方面，国家电力产业准入政策和环境准入政策倒逼企业寻求突破。国家对燃煤发电规模进行总量控制，新上燃煤发电项目必须进行审批，优先选择建设技术先进、节能环保的项目。因此，企业除了选取超超临界等先进发电技术外，还规划采取各种节能、节水、节地和减排措施，只有这样才可能在激烈的竞争中脱颖而出。由于必须达到国家污染物排放标准，发电厂安装了除尘、脱硫、脱硝设施，大幅减少了环境成本。尤其是有关政策规定发电厂的循环冷却水、海水淡化后的浓海水禁止排入天津地区海域，为了达到要求，天津北疆发电厂在国内首次建设了海水循环冷却塔，开创性地提出了利用浓海水晒盐的技术模式，取得了成功。

另一方面，国家循环经济和海水淡化政策对企业探索循环经济模式形成了强大的激励。天津北疆发电厂规划阶段，国家正在大力倡导循环经济发展理念，鼓励企业探索循环经济发展模式，鼓励发展海水淡化产业，并出台了一些优惠政策。天津北疆发电厂正是受循环经济理念的启发和相关政策的激励，探索提出了电水盐联产循环经济模式。可见，政府政策引导对企业发展循环经济具有巨大的促进作用。但是，电水盐联产循环经济模式在运行中却出现了上述问题，其主要原因是政府有关政策还不完善、制度安排不合理，具体包括：部门管理体制、价格机制、企业之间的利益分配等问题。

（一）水资源管理体制严重制约电水盐联产循环经济模式发展

海水淡化涉及发改、水利、市政、海洋、科技等众多部门，海水淡化产业化由发改部门牵头推动，海水淡化科技发展由科技部门牵头推动，海域使用问题由海洋部门主管，淡化水的使用问题涉及水利、市政等部门。由于各部门之间尚未建立有效的协作机制，导致海水产业发展面临许多难题，从取海水、生产、输送、并入供水管网等全环节均存在不同程度的障碍。其中，最为突出的是自来水属于水务（水利、市政）部门主管，体系相对独立，淡化水尚未纳入水资源管理体系，难以进入市政供水管网，面临管网衔接、资金来源、企业之间利益重新分配等问题，严重制约了淡化水大规模应用。

（二）不同的制度安排导致淡化水在价格上无法与自来水竞争

淡化水是自来水的替代品，自来水价格的高低直接影响淡化水的推广使用。淡化水（自来水）价格形成机制与财税、投资、价格等政策密切相关。政策上的差异是导致淡化水成本高

于城市现行自来水价格的重要原因，阻碍了淡化水的推广使用。

1. 海水淡化与水利工程（城市供水工程）投资机制不同。

海水淡化工程建设资金全部依靠企业自筹和银行贷款。天津北疆发电厂20万吨/天海水淡化工程，总投资约20亿元，大部分采取银行贷款，其银行利息占淡化水成本的21%。长距离调水工程及城市供水工程属于公益性工程，主要依靠中央及地方政府投资，银行贷款比例低。如南水北调中线一期工程所需资金通过中央预算内拨款、南水北调基金和银行贷款三种途径筹集。其中，中央预算内拨款占工程总投资的30%，用于丹江口大坝加高、汉江中下游治理及输水干渠段建设。天津干线工程投资约25%为中央预算拨款，26%为南水北调基金（从天津市自来水价中提取），49%为银行贷款。天津市市内输配水工程投资约30%由市政府及区县政府拨款，70%为银行贷款。可见，我国海水淡化从一开始就采取市场化运作方式，政府在海水淡化工程建设上没有任何投入，海水淡化与水利工程（城市供水工程）处于不同的竞争起跑线上。

2. 生态补偿成本没有充分体现到水价中，城市自来水价格偏低。

我国水价实行分段计价，城市自来水终端价格由各地方政府自行制定，水利工程水价格（如南水北调水到达天津市的价格）由国家制定。长期以来我国自来水价格形成机制不完善，自来水终端价格偏低，尚不能弥补供水成本，更没有包括对调水水源地的生态补偿成本。天津市目前将征收的水资源费全部作为南水北调基金，专项用于南水北调工程天津配套工程的建设。但是，南水北调工程建设资金与水资源费是两种不同性质的资金，将水资源费用于南水北调工程建设，弥补了南水北调工程建设资金缺口，却挤占了现有调水地区（如引滦入津工程水源地——河北省承德市迁西县）的生态补偿费用。

3. 海水淡化有关优惠政策尚未落实。

虽然国务院办公厅《关于加快发展海水淡化产业的意见》（国办发〔2012〕13 号）及有关部门的专项规划中已经提出对海水淡化工程给予投资、财税方面的支持，但许多政策尚未落实，并且部分政策覆盖面窄，包括天津北疆发电厂在内的许多海水淡化项目均未享受国家任何优惠政策。海水淡化建设、运营及管道输配等全口径成本全部由企业自行承担，所有建设运营成本都反映到了淡化水价格上。

（三）上网电价依然由政府制定，不能完全体现资源稀缺性、市场供求关系和环境成本

电能从生产到使用可划分为生产、输配和使用三个环节，相应的电价也分为上网电价、输配电价和销售电价①。按照电力体制及电价改革目标，属于竞争环节的上网电价和销售电价要实现市场决定价格，具有垄断性质的输配电价格要在严格监管成本的前提下实行政府定价。但是这一目标还未实现，我国上网电价仍然由政府定价，这在全世界已非常少见。

目前，我国上网电价实行煤电价格联动机制，即以发电厂平均生产成本为基础，在一定条件下随着煤炭价格的变化而变化。根据《国务院办公厅关于深化电煤市场化改革的指导意见》（国办发〔2012〕57 号），当电煤价格波动幅度超过 5% 时，以年度为周期，相应调整上网电价，同时将电力企业消纳煤价波动的比例由 30% 调整为 10%。由于煤炭价格已市场化，这导致煤电矛盾突出，发电企业效益受煤炭价格、上网电价影响巨大，一旦煤炭价格上涨，煤电价格未能及时联动，发电企业就会出现亏损。

---

① 上网电价是指电网购买发电企业的电力和电量，在发电企业接入主网架那一节点的计量价格。输配电价是指电网经营企业提供接入系统、联网、电能输送和销售服务的价格总称。销售电价是指电网经营企业向终端用户销售电能的价格。

为了鼓励发电企业脱硫脱硝，促进发电行业节能减排，国家对安装脱硫脱硝的发电企业实行电价补贴。但是政府定价难以准确衡量企业的污染治理成本，如果电价补贴大于企业污染治理成本，则是变相对企业污染环境进行补贴。

（四）企业之间的利益分配问题

发展循环经济能够显著降低外部环境成本和企业之间的交易成本，从而增加社会福利，但对于参与循环经济模式的不同企业而言，其获得的利益是不均等的。在电水盐联产循环经济模式中，制盐企业是最大的“赢家”，投入小、产出大；发电厂仍然产生较大的外部环境成本，上网电价不能完全体现资源稀缺性、市场供求关系和环境成本，发电厂边际私人成本小于边际社会成本，相当于获得了“额外”的收益；海水淡化相对于远距离调水和开采地下水，其环境成本较小，但由于自来水价格不合理，从而导致淡化水价格相对偏高，竞争力差，海水淡化厂出现了亏损；淡化水进入供水市场，实际上是在原有自来水供水体系中引入了竞争机制，有利于打破供水市场的垄断局面，但这触动了原有供水体系某些相关者的既得利益，受到了多方阻碍。

（五）监管制度不完善

对海水淡化工程项目的监管还比较落后，许多制度尚未建立。一是对海水淡化工程项目建设缺乏准入制度，任何企业均可投资建设，而对淡化水进入市政管网又缺少明确的规划，部分海水淡化工程项目建成后淡化水难觅出路，造成产能闲置。二是淡化水水质标准缺乏。天津北疆发电厂的淡化水在为汉沽自来水厂供水期间，曾出现水质指标不稳定现象。经检测，淡化水通过管道输送至汉沽水厂时氨氮指标超过自来水饮用水标准，且对比管道两端细菌指标发现，管道中细菌繁殖过快。可见，必须加快制定海水淡化相关标准，确保供水安全。三是对浓海水排放对海洋

生态环境的影响缺少跟踪评估机制。虽然天津北疆电水盐联产循环经济模式的浓海水实现了“零排放”，不存在破坏海洋生态环境的问题。但是，对于渤海湾区域以外的海水淡化项目，国家现行政策允许其浓海水直接排海，这就需要加强监管与跟踪评估。

对发电厂监管不力。燃煤发电厂的污染较大，是造成雾霾、酸雨、全球气候变化等环境问题的重要原因。国家对燃煤发电厂烟尘、二氧化硫、氮氧化物的排放标准和排污费均有明确要求，但对二氧化碳的控制政策还处于空白。像天津北疆发电厂这样技术与环保均比较先进的企业，其外部环境成本依然较高，更别说国内众多的中小发电厂所带来的环境污染是多么严重。从全国范围来看，除了缺少环境治理设施等原因，更重要的是环境监管不力，许多发电厂的环境治理设施并不运行，或者有检查时运行，没有检查时即停运，偷排漏排污染物。因此，除了加强政府监管以外，更重要的是要号召公众参与。

第二节 国际经验与启示

发达国家的循环经济是以生活和工业废弃物的再利用与处置为主，在此基础上，通过生产者责任延伸制度，逐渐向生产领域扩展，又称为“垃圾经济”。其循环经济政策主要是关于废弃物回收利用的，我国也已出台相关政策。故发达国家发展循环经济的经验对电水盐联产循环经济模式的借鉴意义不大。本书重点关注国外发展海水淡化产业的主要做法与经验。

一、主要做法

（一）出台优惠政策

发达国家通过工程建设投资、价格补贴、关税优惠等政策手段促进海水淡化产业发展。

1. 政府在投资中发挥重要作用。

在淡水资源极度缺乏的海湾地区，早期均由政府出资建设淡化水厂和相关基础设施，引导产业的合理布局。欧盟对西班牙的海水淡化工程提供了约 80% 的资金支持。日本政府把海水淡化作为公益供水工程，政府提供补贴。福冈市海中道奈多海水淡化中心 50% 的投资来自中央政府，另外 50% 由福冈、宗像等九市十町的地方政府投资；冲绳岛海水淡化厂 85% 的投资来自中央政府补助。韩国政府出资 3 200 万美元支持总投资 7 600 万美元的斗山重工反渗透海水淡化厂（国家发展改革委环资司，2006；吕金燕和朱思诚，2013）。

2. 对淡化水进行价格补贴，调整自来水价格体系。

美国 2004 年颁布的《脱盐电价优惠法》规定对淡化厂给予每吨水 0. 16 美元的直接补贴，或者在 2015 年底前与淡化厂签署书面协议，确定价格补贴总额。意大利和西班牙政府对淡化水给予补贴，且每立方米淡化水的补贴不超过其生产成本。以色列政府出台法规规定各地政府采购淡化水的最低量和价格。迪拜水电局根据消费需求重新构建水资源价格体系，推行阶梯式商业化水价，以使水价更真实地反映水资源的稀缺程度（郑连革和盛来芳，2013）。

3. 对海水淡化相关设备的引进给予税收优惠。

阿联酋对发电设施和供水设备的进口只征收 4% 的关税（国家发展改革委环资司，2006）。

（二）多元化的投融资方式和市场化运营模式

随着海水淡化技术快速发展，一些国家（特别是中东国家）在确保政府对淡化水控制权的前提下，积极引入竞争机制，允许私营企业和国外企业投资建设海水淡化工程，采用 BOT（建设—经营—转移）和 BOO（建设—拥有—经营）等模式，降低工程

建设和运行成本。例如，阿联酋政府允许私人企业和外国企业投资建设电水联产企业，并签署水、电购买协议，以降低投资者风险。本国海水淡化产业的投融资仍以政府投资为主，但工业用水则通过与大型电厂、重化工企业的联建联产方式，来解决海水淡化设施的资金筹措问题，加速了海水淡化产业的发展（国家发展改革委环资司，2006；郑连革、盛来芳，2013）。

澳大利亚大型市政海水淡化工程多采用 DBO（设计—建设—运营）模式，政府负责融资，承包商负责工程的设计、建设及运营，合同期满后资产所有权移交给公共部门（王静和刘淑静等，2012）。

日本政府正在推进供水领域改革，以公私伙伴关系（PPP）、私人融资计划（PFI）等方式，引入私人资本，促使海水淡化企业与水务机构合作。日本通产省在 2011 年发起一支 1 000 亿日元的基金，基金的发起机构为日本国际合作银行和日本开发银行，主要用于支持日本私人企业开展海外有关水处理基础设施建设与运营的招标项目。

（三）大力支持海水淡化技术研发及应用

海湾地区国家、欧美发达国家，以及新加坡、韩国、日本等国都非常重视海水淡化技术创新。

美国将海水淡化研发的资助资金列入政府预算，发动大学、研究机构与企业对海水淡化的基础性与应用性技术进行研究，鼓励与支持各种具有创新性的研发活动；同时非常重视海水淡化科技转换，政府海水淡化科研经费有相当一部分用于促进科技转化的中试，支持建设各种示范性（试验性）工厂。

日本政府主要采用委托与联合研发的模式，资助具有一定产业条件与技术基础的企业开展海水淡化技术研发。如给予三菱重工、日本造船与工程有限公司等造船企业热法淡化技术的研发资助，给予具有纺织化纤技术基础的东丽集团膜法淡化技术研发的资助。

同时，发达国家还非常注重培育具有海水淡化设计、设备采购、工程建设、工厂运行维护等一揽子服务的大型企业。法国威立雅、苏伊士集团及美国陶氏等企业是其中的佼佼者。韩国斗山集团、新加坡凯发集团则凭借国家之力，也具备了海水淡化技术、建设、运营及资本运作于一体的服务能力。

（四）严格监督管理

发达国家对海水淡化工程项目建设有严格的审批程序和监管制度。澳大利亚非常重视海水淡化工程的审批工作，按照常规重大工程审批手续，并专门补充制定有关程序，对海水淡化工程的设计、建设、运营过程进行系统规范的管理，以确保海水淡化工程安全稳定运营。如悉尼海水淡化工程，自 2005 年 11 月提出重大项目申请，到 2009 年 3 月才建成投产，共经历了规划、海事、环保、港口等多个单位的 30 多项审批手续（EI I.，Okour Y.，Son H. K.，et al.，2009；王静和刘淑静等，2012）。欧盟对大型海水淡化项目要进行环境影响评价，严格监测淡化水水质。阿联酋对海水淡化项目要进行海洋环境影响前期论证和后期评估。美国圣地亚哥水资源管理机构在给波塞冬资源公司颁发建设海水脱盐项目许可的同时，规定该公司要在南加州建设一片面积 55.4 英亩的湿地，为鱼类及其他有机物提供栖身之地，以此来弥补项目运行对于海洋生物的伤害；并且项目还必须保证其脱盐后的海水副产品在一定的有毒含量之下（张颖，2010）。

（五）积极获取公众支持

发达国家公众环保意识较强，海水淡化项目经常受到环保人士的反对。如何积极争取公众支持是发展海水淡化的重要一环。澳大利亚墨尔本市郊的一个海水淡化项目在规划、建设过程中，充分与社区及居民沟通，并尽力融入和改善周边生态环境，获得

了社区及居民的支持。为了改善项目所在地的生态环境，项目方将在海水淡化厂周边建设一个占地225亩的新公园，可供居民游客步行、骑自行车和骑马。项目方还设立了海水淡化项目信息中心，到访者可以了解项目的详细信息和最新进展，反馈意见建议。此外，成立社区联络小组，定期召开会议，了解社区居民的要求与关注，调动社区居民对项目及环境管理的参与（陈湘静，2013）。澳大利亚珀斯海水淡化工程为了消除公众的疑虑，对取水口和浓海水排放口进行了水下视频监测（Water Corporation of Western Australia，2008；王静和刘淑静等，2012）。

二、不足之处

日本作为海水淡化的后进国家，在发展海水淡化产业方面尚存在一些的不足，我国在发展海水淡化产业时应吸取其中的教训。

（一）拥有海水淡化技术的企业之间缺乏合作机制

日本拥有海水淡化领域诸多的世界领先技术，但分别由不同的企业所掌握，由于企业之间缺乏合作机制，每个企业均不具备提供海水淡化一揽子解决方案的能力与经验。

（二）海水淡化产业与水务产业分割

日本一直将城市供水作为公益性事业，限制私人资本进入，供水机构没有参与市场竞争；而海水淡化企业普遍缺乏提供城市自来水供给服务的技术与经验。

（三）金融对海水淡化产业支持不足

日本虽然资金富裕，但金融与海水淡化产业融合度不够（Fumihiko Kamio，2010；郭永清，2013）。这些因素制约了日本

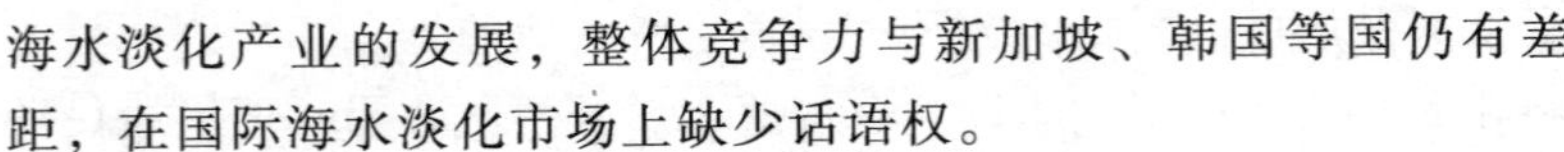

海水淡化产业的发展，整体竞争力与新加坡、韩国等国仍有差距，在国际海水淡化市场上缺少话语权。

三、对我国的启示

发达国家的经验表明，政府引导与市场化运作相结合是促进海水淡化产业快速发展的趋势。海水淡化初期投资大，政府应进行适当补贴，同时采用 BOO（建设—拥有—经营）和 BOT（建设—经营—转移）等模式是降低建设及运营成本的重要方式。技术创新是海水淡化产业发展的源动力。与发达国家相比，我国海水淡化整体技术水平还有较大差距，关键设备还依赖于进口，需要加强技术研发。此外，获取公众支持也是建设发电和海水淡化等工程项目需要考虑的问题。

第三节　有关对策建议

电水盐联产循环经济模式是发展海水淡化的有效形式，与南水北调、开采地下水等方式相比，其生态环境影响相对较小，是缓解我国水资源危机的重要途径。在推广应用该模式时，还可以根据实际情况进行改良，如实行钢铁厂与海水淡化联产、化工厂与海水淡化联产、可再生能源（如太阳能、风能）或核能与海水淡化联产等；采用反渗透法的海水淡化项目也可采取水盐联产方式，减少浓海水对海洋生态环境的影响。可见，电水盐联产循环经济模式推广应用范围广、意义重大，应进一步创新体制机制，出台相关政策，促进其大规模发展。针对电水盐联产循环经济模式运行面临的体制机制障碍，贯彻落实党的十八届三中全会精神，紧紧围绕使市场在资源配置中起决定性作用，从推广应用该模式、促进我国海水淡化产业发展、缓解淡化水资源危机的角

度出发，着眼于理顺水资源管理体制、价格机制、企业之间的利益分配机制，提出改革对策。如图 7－1 所示。

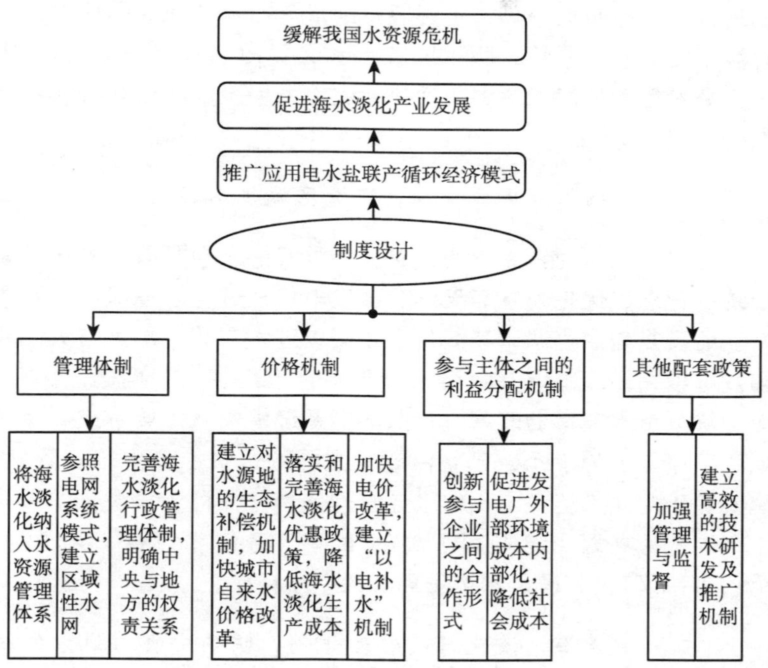

图 7－1　促进电水盐联产循环经济模式推广应用的改革对策

一、破除部门障碍，建立区域性水网

（一）统筹淡水资源和海水资源开发利用，将海水淡化纳入水资源管理体系

从解决水资源危机的高度来认识海水淡化，对淡水资源和海水资源进行统一规划、合理开发利用，从战略上统筹协调海水淡化与跨流域（地区）调水、开发利用再生水、雨水等的关系。

沿海和近海地区要确立向大海要水、要资源的战略。我国沿海和近海地区多是淡水资源缺乏的地区，同时又是经济比较发达的地区，产业布局密集，水资源短缺形势非常严峻。因此，为缓解淡水资源瓶颈制约，除采取节水和必要的调水工程等措施外，应充分发挥利用海水便利的优势，大力发展海水淡化和海水资源综合利用。

（二）参照电网系统模式，建立区域性水网

海水淡化作为新兴产业，目前还没有纳入水资源体系进行集中统一管理、优化配置。天津北疆发电厂经过与水务部门、水务企业的反复沟通协调，其淡化水才得以进入市政管网。与天津北疆发电厂一样，国内其他海水淡化项目也面临类似问题。因此，应加快城市水务市场改革。参照电网系统模式，以城市或城市区域、工业园区为单元，建立由政府主导的水资源集中统一管理、统筹优化配置、统一定价的水务管理体制，并将海水淡化纳入淡水资源统一规划、统一采购、统一配售，避免“一事一议”“一个项目一议”，打破供水市场现有的垄断局面。

（三）完善海水淡化行政管理体制，明确中央与地方的权责关系

落实国务院办公厅《关于加快发展海水淡化产业的意见》，建立由国家发展改革委牵头，科技部、工业和信息化部、财政部、环境保护部、住房城乡建设部、水利部等有关部门参与的海水淡化产业发展部际协调机制，共促海水淡化产业健康快速发展。明确中央与地方的权责关系，国家有关部门负责组织海水淡化重大关键共性技术研发及推广、制定海水淡化财税优惠政策等；如果涉及跨区域的淡化水输送问题，地方政府无法解决的，由国家有关部门负责协调解决；地方政府负责海水淡化产业规划布局、淡化水出路。海水淡化财政投资、淡化水输送管网建设、

淡化水价格政策等问题，视具体情况由中央与地方共同解决。对于天津北疆发电厂这种只针对局部区域供水的海水淡化项目，淡化水出路、输水管网等问题应以地方政府为主解决；对于海水淡化项目投资、淡化水价格补贴等问题，则需要中央与地方共同解决。

二、理顺自来水、淡化水及电力价格形成机制

（一）建立对水源地的生态补偿机制，加快城市自来水价格改革

理顺自来水价格形成机制并不仅仅是加快城市自来水价格改革，它还与生态补偿机制、城市水务市场改革密切相关。

1. 建立对水源地的生态补偿机制。

水资源虽然归国家所有，但长距离（跨流域）调水减少了调水地区对水资源的使用权，对当地生态环境造成一定影响；还造成大规模移民安置问题；为了保护水源地，一定程度上影响了当地的经济发展。因此，应对调水水源地进行生态补偿：一是加大中央政府和省级政府均衡性财政转移支付力度。二是按照“谁受益、谁补偿”的原则，受水区应对调水区进行横向生态补偿。如河北省张家口和承德地区为北京和天津提供了优质水资源，京津两市应该对其进行生态补偿。

2. 加快城市自来水价格改革。

水价中包含水资源费、污水处理费和供水成本。首先，应提高水资源费征收标准。淡水资源的稀缺性和国家所有权属性，决定了使用淡水资源必须付费，目前主要以水资源费的形式体现。从全国范围来看，水资源费征收标准偏低，资金使用不规范，没有充分体现水资源的稀缺性。因此，应提高水资源费征收标准，尤其是加大地下水资源费征收力度，严格水资源费使用用途，主

要用于水源地的保护、污染治理和相关基础设施建设。其次，提高污水处理费，至少达到弥补污水处理企业生产成本的水平，促进其持续运行。再次，按照落实“补偿成本、合理收益”的原则，逐步调整水利工程供水和城市供水价格水平。

实行阶梯式水价和差别水价制度。对于居民用水，稳步推进阶梯式水价制度；对于工业和服务业用水实行超额累进加价制度，拉开高耗水行业与其他行业的水价差价，高耗水行业的水价至少应高于淡化水成本，以促使高耗水行业节约用水和选择使用淡化水。目前，居民生活、工业、经营服务、特种行业实行差别水价，如天津特种行业用水价格为每立方米 22.5 元，远高于自来水成本水价。各种水价间的差额，是政府为调控水资源有效配置而采取的经济手段，应该体现在水资源费中。但由于水资源费征收标准和水利工程水价在实际征收中没有明确区分，差别水价由自来水供水企业收取，使其因此获得额外的收益，而这部分收益本应该作为水资源费的一部分，归水资源所有者（即国家）所有。因此，对实行差别水价、阶梯式水价所获得的收益，超过自来水供水企业供水成本和合理收益的那部分，应归国家所有。国家可将这部分资金用于水资源保护、对调水水源地进行生态补偿等。

（二）落实和完善海水淡化优惠政策，降低海水淡化生产成本

1. 落实和完善财税优惠政策。

海水淡化的公用事业属性和新兴产业属性，决定了其发展需要政府的支持和推动。国务院办公厅《关于加快海水淡化产业发展的意见》（国办发〔2012〕13 号）已明确促进海水淡化产业发展的有关优惠政策，下一步应积极予以落实和完善。

加大财政投资支持。中央预算内投资支持以市政供水为主要目的的海水淡化工程项目和海水淡化科技示范工程。天津北疆发

电厂海水淡化项目以市政供水为主，具有公共事业属性，应将其列入中央预算内投资计划，追加注入一定比例的资本金，以降低海水淡化财务成本。

实行财政补贴。对以市政供水为主要目的的海水淡化厂及其管网设施，视为与城镇（海岛）基础设施（如自来水厂、调水工程等）一样，享受相关优惠政策，按照向社会供应的淡化水量，由中央和地方两级政府按比例给予一定财政补贴。对于天津北疆发电厂这样的已建成投产的海水淡化项目，应追补建设期贷款利息贴息。

实行税收优惠。按照《公共基础设施项目企业所得税优惠目录》及相关规定，对符合条件的海水淡化项目应实行“三免三减”半的企业所得税优惠待遇，即从取得经营收入的第一年至第三年可免交企业所得税，第四年至第六年减半征收。对海水淡化技术开发及设备生产企业应给予一定税收优惠，对海水淡化企业购置的专用设备允许实行加速折旧，对海水淡化相关设备的引进应给予关税优惠。此外，扩大资源综合利用税收优惠政策覆盖面，对利用余热进行海水淡化、对综合利用浓海水且实现“零排放”的企业应给予一定税收优惠等。

制定合理的淡化水价格政策。为了促进淡化水的使用，还可以对淡化水进行价格补贴。天津市规定对于淡化水暂不征收污水处理费和水资源费，国内其他地区也可实行类似政策。淡化水属于增加淡水资源总量的替代品，其资源稀缺性已体现在海域使用费上，因此不应该再征收水资源费。要实行分质供水、分质定价。对工业高端用水，制定较高的淡化水价格；对居民生活用水，按照“补偿成本、合理收益、节约用水、公平负担”的原则制定淡化水价格。

2. 创新投融资机制。

降低投资成本和运行费用是促进国内海水淡化产业发展最为迫切的问题，但要避免走水务市场传统的投融资方式，即实行政府高度集中的投资管理体制——政府通过财政拨款、国内外贷款、发行债券等方式来筹措资金，并负责水务项目的建设和运营管理。这种投融资方式弊端多，已不适应国内发展形势，不符合国际海水淡化产业发展趋势。

因此，除了政府出台优惠政策加强引导外，还应该积极创新海水淡化投融资方式。对于以市政供水为主要目的的海水淡化工程，在保证政府对淡化水控制权的前提下引入竞争机制，通过国家、地方、企业、社会多方筹集资金，建立多渠道、稳定可靠的海水淡化投资机制。可采用 BOT（建设—经营—转移）、BOO（建设—拥有—经营）等模式，降低海水淡化工程的建设和运行成本。

此外，还可设立海水淡化基金。参照南水北调基金的做法，从自来水销售中提取少量的资金设立海水淡化基金，专项用于支持海水淡化工程建设、淡化水输送管网建设等；或者由国家开发银行等发起设立海水淡化产业投资基金，用于支持国内海水淡化产业发展以及国内企业开展海外有关海水淡化基础设施建设与运营。

（三）加快电价改革，建立“以电补水”机制

1. 加快推进电价改革。

电价改革要“放开两头、管住中间”，即放开发电、售电等属于竞争性环节的价格，管住输配电等属于自然垄断环节的价格，并且要加强政府监管（尤其是对输电、配电环节的成本监管），建立起市场竞争和政府监管相结合的电价形成机制。

2. 探索建立“以电补水”机制。

电价改革是一个长期的过程，在改革尚未到位的过渡期，为了鼓励海水淡化产业发展，可以按照“以电补水”的原则，对参与电水盐联产循环经济模式的企业给予一定优惠政策：

（1）对海水淡化生产企业实行优惠电价，降低海水淡化生

产成本。

（2）增加发电企业的发电量计划。目前供热电厂享受增加100～200小时发电量的优惠政策，鉴于参与电水盐联产循环经济模式的发电厂利用机组抽气供热来大规模生产淡化水，并主要用于承担市政供水任务，而且属于全年度生产，应该享受类似的优惠政策。

（3）对使用淡化水和电量超过一定规模的企业，实行直购电。目前，国家正在推行大用户直购电试点，即发电厂和终端购电大用户之间通过直接交易的形式协定购电量和购电价格，然后委托电网企业将协议电量由发电企业输配终端购电大用户，并另支付电网企业所承担的输配服务。推行直购电目的是打破电网企业独家买卖电力的格局，在发电和售电侧引入竞争机制，使终端用户进入电力市场，促进建立开放的电力市场。建议将参与电水盐联产循环经济模式的企业纳入直购电试点，以吸引更多企业使用淡化水。

三、理顺参与电水盐联产循环经济模式各方的利益分配机制

（一）创新参与企业之间的合作形式

兼顾各方利益，减少改革阻力，通过相互持股、参股等方式，调动各方参与积极性，积极促进输水企业、自来水厂参与电水盐联产循环经济模式，促进淡化水顺利进入市政管网，将整个虚拟生态工业园区范畴拓展到天津滨海新区，提高该模式的稳定性。

（二）促进发电厂外部环境成本内部化，降低社会成本

发电厂排放环境污染物，造成外部成本，由社会承担，损害了周边群众的利益，必须加强控制。天津北疆发电厂在节能环保

方面处于国内领先水平，下一步主要是减少二氧化碳排放带来的气候变化问题，可从三方面进行考虑：一是采取技术和管理手段，减少二氧化碳排放，按现阶段对于燃煤发电厂来说难度较大；二是采取碳交易或征收碳税的方式，使发电厂支付其造成的环境成本；三是借鉴国际经验，让发电厂在周边建设湿地公园及休闲设施，参与治理周边盐碱地，改善周边生态环境及居民生活环境。

天津北疆发电厂对控制全国燃煤发电厂环境污染的启示

从全国范围来看，以煤炭为原料的火力发电行业在为社会提供基础性能源产品、促进经济社会发展的同时，也带来了巨大的环境污染。从长远来看，要解决燃煤发电厂的污染问题，发展新能源替代化石能源是大势所趋。但是，我国以煤炭为主的能源结构决定了在相当长的一段时期内，仍然要发展燃煤发电。那么，大力减少燃煤发电的污染就成为摆在我们面前的现实问题。由于燃煤发电污染严重，我们必须从源头、过程和末端加强全过程防控，采取节能环保的方式来建设和运营燃煤发电厂。

首先，在制定电力产业政策时贯彻落实循环经济、节能环保理念，淘汰落后产能，推动新建电厂采用超超临界发电技术、清洁煤技术等先进技术，从源头减少污染物产生。

其次，加强对生产过程的监管。鼓励企业发展循环经济，循环利用废弃物，减少污染物排放；加大超标排污的惩罚力度。

最后，完善污染物末端控制制度。完善燃煤发电厂大气污染物排放标准，建立污染物总量控制制度，提高排污费征收标准。探索建立排污权和碳排放权交易制度，鼓励企业通过市场化手段减少外部环境成本，对于减排成效显著的企业，鼓励其出售排放权，获取外部效益。对燃煤发电厂等碳排放源，率先开征碳税。

四、其他配套政策

为了推广应用电水盐联产循环经济模式，促进我国海水淡化产业发展，还需要出台一些配套性政策，尤其是要加强海水淡化的监督和管理，加强海水淡化及浓海水综合利用技术研发。

（一）加强管理与监督

严格产业准入条件。按照不同的供水目的，对海水淡化进行分类管理。对于以市政供水为主要目的的海水淡化项目，政府要加强管理，对淡化水进入市政供水系统进行审批。对于以向工业企业供水为目的“点对点”海水淡化项目，政府不进行审批，只作备案即可。对海水淡化项目实行环境影响评价制度，防控对海洋生态环境造成影响，对不符合国家环境保护法律法规（包括海洋环境保护法律法规）的海水淡化项目不予审批。限制开采地下水，对天津市这样的地下水超采区域应全面禁止开采地下水，为海水淡化大规模应用创造条件。

加强海水淡化工程监管。对海水淡化工程的设计、建设、运行进行全过程监管，对出水水质进行严密监测，确保供水安全。制定海水淡化工艺技术、检测技术、工程设计和运行管理、取排水、原材料和药剂、淡化水水质检验等标准。对于天津北疆电水盐联产循环经济模式，要加强对取水工程的环境跟踪评估，制定浓海水应急排放预案，防范突发性环境事故。对于不采取电水盐联产循环经济模式的一般性海水淡化工程，如果其浓海水直接排海，则要制定严格的排放标准，实行环境影响评价和跟踪制度，尽量减少对海洋生态环境的影响。

建立政府收购淡化水制度。对于以市政供水为目的的海水淡化项目，投资方在项目建设前与政府签订协议，确定项目投产后政府的最低购买量及购买价，以降低投资者的风险，避免出现海水淡化项目建成后找不到出路或者处于亏损状态的局面（包括天津北疆发电厂在内的国内绝大多数海水淡化项目均面临这种问题）。

实行分质供水。海水淡化水优先用于工业高端用水，其次是工业普通用水和居民生活用水；跨流域（地区）调水优先保障居民生活用水，其次是工业普通用水；再生水优先用于工业低端用水；雨水和再生水用于市政杂用水。具体到本研究案例，目前天津北疆发电厂淡化水成本为7.2元/立方米；天津市现行居民用水价格为4.9元/立方米，工业用水价格为7.85元/立方米；对于需要高纯水的化工、电子、发电厂等企业，其自身生产高纯水的成本高于10元/立方米。可见，天津北疆发电厂应调整供水方案，积极寻求大型工业企业合作，实行直供水（由海水淡化厂直接输送到工业企业，不经过自来水厂）。

鼓励公众参与，加强社会监督。近年来，我国公众环保意识逐渐加强，一些大型化工项目因为与公众沟通不畅，造成公众误解，受到公众抵制而被迫放弃建设。因此，加强环境信息公开，宣传电水盐联产循环经济模式的相关知识，鼓励公众参与，监督发电、海水淡化、制盐、建材等项目的运行，是保障公众权益、争取公众理解与支持的重要途径。充分发挥新闻媒体和社会组织的监督作用，促进企业按规定公开污染物排放信息，增加社会责任感。

（二）建立高效的技术研发及推广机制

电水盐联产循环经济模式是企业转变发展观念，贯彻循环经济理念，进行技术创新的成果。企业进行技术创新、采用新设备需要投入大量成本，完全依靠企业进行自主创新能力有限，而政府在这方面缺少诸如资金支持、补贴或税费优惠等，制约了海水淡化产业的发展。尤其是我国尚无法生产大规模海水淡化的关键装备，只能依靠进口，这进一步推高了海水淡化的成本。如果不

加大技术创新力度，《海水淡化科技发展“十二五”专项规划》确定的“到2015年我国海水淡化科技整体上接近世界先进水平”的目标将难以实现。因此，应进一步加大技术研发和推广力度，促进海水淡化产业发展。

成立专门的协调机构。在政府有关部门的管理下，依托科研机构或行业协会，成立海水淡化办公室，负责管理海水淡化技术资金，收集海水淡化技术资料与信息，组织开展各种形式的学术交流活动，组织第三方独立机构或专家对政府的海水淡化政策、技术进展进行评估，为政策调整提供建议。

加强产学研联合。充分发挥科研院所、高校的科研力量，实行产学研联合，基础性研究和应用性研究并重，积极促进科技成果转化。加强海水淡化重大关键技术和装备研发，促进装备国产化。加强浓海水综合利用技术研发，如天津北疆发电厂正在探索利用浓海水进行真空制盐，不需要大规模的盐场，只需占用少量土地建设厂房，如取得突破，将进一步扩大电水盐联产循环经济模式的应用范围和适用条件。研究利用太阳能、核能、风能等进行海水淡化的新技术。

积极培育海水淡化产业基地和具有国际竞争力的企业。以企业为主体，组建海水淡化产业联盟，鼓励高校、科研机构、工程设计和装备制造企业，以及相关原材料生产企业在有条件的地区集中投入建立海水淡化产业基地，扶持培育一批具有国际竞争力的能提供海水淡化工程设计、设备采购、工程建设、运行维护能力的企业。

第八章　结论与展望

第一节　研究结论

本书从我国发展循环经济取得的成效及存在的问题、淡水资源短缺、海水淡化产业快速发展等背景出发，以天津北疆电水盐联产循环经济模式为案例，综合运用循环经济、产业生态学、产业经济学、环境经济学、水资源管理等相关理论，借助物质流分析、费用效益分析、财务分析等方法，深入分析了电水盐联产循环经济模式的运行机制、费用与效益、利益分配机制、海水淡化的综合效益及替代其他供水技术的可行性、面临的政策障碍，提出了完善和推广电水盐联产循环经济模式、促进我国海水淡化产业发展的政策建议。通过研究，得到如下结论：

1. 与同类项目相比，电水盐联产循环经济模式输入端资源消耗少、生产过程资源高效利用、输出端污染物排放较少，有效解决了浓海水出路问题，费用—效益分析的经济净现值为 14.4 亿元/年，可以取得环境与经济的“双赢”，使环渤海区域大规模海水淡化成为可能，是解决沿海及近海地区水资源危机的重要途径。

2. 海水淡化是电水盐联产循环经济模式的核心，与南水北调、地下水、再生水、雨水、海水直接利用等供用水方式在经

济、环境、社会方面的综合效益比较表明：海水淡化在环境效益、社会效益、用途方面具有比较优势；到终端用户的淡化水价格为8～9元/立方米，与南水北调水相当，但高于天津市现行自来水价格，海水淡化厂在实际运行中出现了亏损。只要给予海水淡化类似于水利工程的政策扶持，淡化水即可实现大规模民用化和工业化应用。

3. 制约电水盐联产循环经济模式运行的主要障碍是部门管理体制、价格机制和企业之间的利益分配机制。为了推广应用该模式，促进海水淡化产业发展，应进一步完善相关的体制机制：一是打破部门障碍，将海水淡化纳入水资源管理体系，参照电网模式，建立区域性水网；二是理顺自来水、淡化水和电力价格形成机制，为海水淡化创造公平的市场环境；三是通过相互参股、持股等方式，加强企业之间的合作，理顺利益分配机制，确保该模式持续健康运行。

本书的创新点主要包括：

1. 初步构建了循环经济模式的理论分析框架。综合运用循环经济学、产业生态学、产业集聚、费用效益分析、外部性等理论，分析电水盐联产循环经济模式的运行机制、费用与效益、利益分配机制以及制约该模式发展的体制机制障碍，提出对策建议。与已有研究相比，突出了环境与经济定量分析。该分析框架同样适用于研究其他循环经济模式。

2. 构建了循环经济模式的费用效益计算方法。定量计算了电水盐联产循环经济模式的经济成本与外部环境成本、经济效益与环境效益，拓展了环境费用效益分析的范畴；比较了该模式在同类项目中所处的水平，定量评估了该模式的优越性；分析了该模式干系人的利益分配机制，弥补了以往的费用效益分析只考虑社会福利改进情况（效率）而不考虑公平性的不足。该方法同样适用于分析其他循环经济模式、建设项目或企业发展循环经济的费用与效益。

3. 运用比较研究的方法，全面分析了海水淡化与长距离调水、再生水、雨水、海水直接利用、地下水等供用水方式在经济、环境、社会方面的综合效益，特别是对海水淡化与长距离调水进行了全环节的供水成本比较，明确了海水淡化产业的发展定位与发展策略。

第二节 展 望

由于分析条件和数据所限，本书没有建立相应的暴露－反应函数，而是采用防护支出法和成果参照法等方法计算电水盐联产循环经济模式的环境效益和环境成本。为了降低计算偏差，本书选取单位污染物排放成本（减排效益）等因子进行了敏感性分析。

海水淡化是高耗能产业，以能源换取水源，电水联产是降低海水淡化能耗的重要途径。但是，燃煤发电厂环境污染大，并且是引起全球气候变化的重要排放源。利用太阳能、风能、核能等进行海水淡化是新的技术发展趋势，我国已有一些小规模工程项目建成投产或正在建设，未来可以选取典型案例在这方面进行深入研究。

对于海水淡化后的浓海水综合利用问题，本书只对盐场晒盐这一种利用方式进行了定量评价。天津北疆发电厂电水盐联产二期工程设计利用浓海水进行真空制盐（工业化制盐），不受晒盐场规模的限制，拓展了电水盐联产模式的应用范围和区域，未来可以继续进行跟踪研究。

本书研究表明：推动循环经济不能只关注于构建循环经济产业链条、出台废弃物资源化利用等政策，而更加要注重完善体制机制，构建有利于循环经济发展的市场环境，让市场在资源配置中起决定性作用，切实解决“循环不经济”的问题，使发展循

环经济成为企业的自觉行动。研究重点行业的循环经济典型模式案例，总结经验，发现问题，出台配套政策，是推动循环经济工作的重要抓手。本研究提出的循环经济模式的理论分析框架、费用效益分析和计算方法，可以广泛用于国内其他循环经济典型模式案例分析，以进一步推动我国循环经济发展，促进生态文明建设。

附录一：电水盐联产循环经济模式涉及的相关政策汇总（2014 年）

一、循环经济政策

（一）财政政策

国家设立了循环经济发展专项资金，由中央财政预算安排，用于支持循环经济重点工程和项目的实施、循环经济技术和产品的示范与推广、循环经济基础能力建设等。目前支持的范围主要包括：国家“城市矿产”示范基地建设、餐厨废弃物资源化利用和无害化处理、园区循环化改造示范、再制造试点、清洁生产技术示范推广、循环经济（含清洁生产）基础能力建设。对中央基建投资、中央财政节能减排专项资金等已支持的重点工作（工程）或项目，专项资金不再予以支持。

天津滨海新区也设立了节能降耗、循环经济发展金，专项用于支持新区节能降耗、保护环境和发展循环经济。

（二）投融资政策

国家发展改革委、人民银行等发布的《关于支持循环经济发展的投融资政策措施意见的通知》（发改环资〔2010〕801 号），对投融资支持循环经济发展的重点领域和相关政策进行了全面部

署。其中，与电水盐联产循环经济模式密切相关的政策如下："对发展循环经济的重大项目和技术示范产业化项目，要采用直接投资或资金补助、贷款贴息等方式加大支持力度""对由国家、省级循环经济发展综合管理部门支持的……海水淡化……'零排放'项目……大宗产业废弃物、废水、污泥等资源化利用项目……银行业金融机构应当按照商业可持续原则，综合考虑信贷风险评估、成本补偿机制和政府扶持政策等因素，要重点给予信贷支持"。

（三）资源综合利用税收优惠政策

企业对共伴生矿产资源、废水（液）、废气、废渣和再生资源等进行综合利用，依据相关规定享受企业所得税、增值税、消费税等税收优惠。

附表1-1　国家在资源综合利用方面的优惠政策

序号	文件名称
1	国务院批转国家经贸委等部门关于进一步开展资源综合利用意见的通知（国发〔1996〕36号）
2	《资源综合利用企业所得税优惠目录（2008年版）》
3	国家经济贸易委员会 国家税务总局关于印发《资源综合利用认定管理办法》的通知（国经贸资源〔1998〕716号）
4	关于资源综合利用企业所得税优惠政策（财税字（94）001号）
5	关于部分资源综合利用及其他产品增值税政策问题的通知（国经贸厅资源〔2001〕624号和财税〔2001〕198号）
6	关于以三剩物和次小薪材为原料生产加工的综合利用产品增值税优惠政策的通知（财税〔2001〕72号）
7	关于对部分资源综合利用产品免征增值税的通知（财税字〔1995〕44号）

续表

序号	文件名称
8	关于继续对部分资源综合利用产品等实行增值税优惠政策的通知（财税字〔1996〕20 号）
9	关于废旧物资回收经营业务有关增值税政策（财税〔2001〕78 号）
10	有关翻新轮胎消费税政策（财税〔2000〕145 号）

（四）表彰奖励制度

国家对循环经济试点示范单位除给予一定项目资金支持外，还对取得显著成效的单位给予表彰和奖励。纳入国家试点示范范畴本身也是对企业信誉的一种担保，有利于企业提升形象。

循环经济试点。自 2005 年开始，国家发展改革委、原国家环保总局等七部委在全国开展循环经济试点。各地根据实际情况在省级范围内开展了地方试点。天津北疆发电厂是首批被列入国家循环经济试点的单位之一。

循环经济典型模式案例。2011 年 10 月，国家发展改革委印发了 60 个循环经济典型模式案例，涵盖了企业、园区、行业（包括工业重点行业、农业、服务业）、区域（省市）、社会层面。其中，天津北疆发电厂被列为电力行业循环经济典型模式案例。

工业循环经济重大示范工程。为推动工业领域循环经济发展，工业和信息化部于 2011 年组织开展了工业循环经济重大示范工程推荐申报工作。2012 年 3 月，天津北疆发电厂循环经济项目被列为国家第一批 23 项工业循环经济重大示范工程。

循环经济工作先进单位。为表彰先进，树立典型，推动循环经济形成较大规模，根据《循环经济促进法》和国务院有关文件要求，国家发展改革委对各地在循环经济发展过程中，表现突出、循环经济发展成效显著的先进单位进行表彰。2013 年 10 月

9 日，天津北疆发电厂被授予“全国循环经济工作先进单位”荣誉称号。

二、电力相关政策

（一）对燃煤发电项目实行准入审批制度

为促进电力行业健康发展，国家对电力行业规模进行宏观调控，对电力行业实行“上大压小”政策，加大了节能减排力度；对燃煤发电项目实行准入审批制度，优先安排建设单机 60 万千瓦及以上超临界或超超临界燃煤机组。因此，在同类建设项目中，技术、节能环保等方面均具有先进性的项目，可优先获得建设许可。天津北疆发电厂由于在技术、循环经济方面的综合优势，先后获得了一期 2 ×1 000MW 和二期 2 ×1 000MW 发电机组的建设许可。

（二）上网电价、输配电价、销售电价均实行政府定价

由于电价不仅与人民生活密切相关，而且对工业生产影响巨大，因此电价一直受国家管控。

电能从生产到使用可划分为生产、输配和使用三个环节，相应的电价也分为上网电价、输配电价和销售电价。按照电力体制及电价改革目标，属于竞争环节的上网电价和销售电价要实现市场决定价格，具有垄断性质的输配电价格要在严格监管成本的前提下实行政府定价，但是这一目标还未实现，上网电价和销售电价依然由政府定价。其中，上网电价实行煤电价格联动机制，即以发电厂平均生产成本为基础，在一定条件下随着煤炭价格的变化而变化。根据《国务院办公厅关于深化电煤市场化改革的指导意见》（国办发〔2012〕57 号），当电煤价格波动幅度超过 5% 时，以年度为周期，相应调整上网电价，同时将电力企业消纳煤

价波动的比例由30%调整为10%。此外，为了鼓励发电企业脱硫脱硝，促进发电行业节能减排，对安装脱硫脱硝的发电企业实行脱硫电价和脱硝电价补贴。

三、海水淡化政策

（一）海水淡化产业政策

国家相关法规政策中已明确提出要支持海水淡化产业发展。自2009年1月1日起施行的《中华人民共和国循环经济促进法》第二十条明确规定："国家鼓励和支持沿海地区进行海水淡化和海水直接利用，节约淡水资源"。国家"十二五"规划纲要提出，要实行最严格的水资源管理制度，加强用水总量控制与定额管理，严格水资源保护。大力推进再生水、矿井水、海水淡化和苦咸水利用。2012年，国务院办公厅发布了《关于加快发展海水淡化产业的意见》（国办发〔2012〕13号），明确了我国海水淡化产业的发展方向和政策支持重点。

（二）海水淡化经济政策

根据上述政策文件，可以梳理出国家拟出台的关于海水淡化的经济政策。一是投融资政策。中央基建投资积极支持海水淡化重点示范工程和海水淡化水进入水源或市政供水系统的海水淡化试点工程项目。对以供应居民用水为主要目的海水淡化厂及其管网设施，视为与城镇（海岛）基础设施（如自来水厂、调水工程等）一样，实行一定的补助。鼓励金融机构创新信贷品种和抵押方式，支持海水淡化产业发展；支持符合条件的海水淡化企业通过发行股票、债券等多种方式筹集资金；引导民间资本规范地进入海水淡化产业。二是税收政策。要研究制定海水淡化开发和利用企业所得税、增值税及营业税等的相关优惠政策。三是水价

政策。加快建立能够反映资源稀缺性、促进水资源可持续利用的水价形成机制，推进海水淡化水的应用。

（三）海水淡化科技政策

《海水淡化科技发展“十二五”专项规划》（科技部、国家发展改革委）和《国家“十二五”海洋科学和技术发展规划纲要》（国家海洋局、科技部、教育部、国家自然科学基金委等）提出，要加强海水淡化关键装备研制、技术研发，制定海水淡化相关技术标准，到 2015 年，初步形成我国海水淡化技术创新体系，使我国海水淡化科技整体上接近世界先进水平。

（四）自来水价格对淡化水应用的影响

淡化水是淡水资源的替代品，自来水价格的高低直接影响淡化水的推广使用。目前，我国自来水终端价格由各地方政府自行制定，水利工程水价格（如南水北调水到达天津市的价格）由国家制定。总之，自来水价格也受政府管制。

四、环境政策

国家对发电厂大气污染物、粉煤灰渣、污水的排放设置了相应的标准，企业必须强制执行，并且对达标排放的污染物收取排污费，超标排污属于违法行为。

对发电厂循环冷却水和海水淡化后的浓海水排海的政策规定。从国内外一般情况来看，海滨发电厂的循环冷却水可以直接排向海洋，海水淡化后的浓海水经稀释后也可以排向深海。由于渤海湾属于半封闭海域，海水循环自净能力弱，水质较差。依据相关规定，北疆发电厂的循环冷却水和海水淡化后的浓海水不能直接排向渤海。

附录二：天津北疆电水盐联产循环经济模式持续跟踪调研报告（2018年）

燃煤发电行业是发展循环经济的重点领域，近十年来燃煤发电行业在发展循环经济方面取得了显著成效，推动了电力行业向高质量发展转变。为深入了解电力行业循环经济发展动态及面临的问题，笔者于2018年8月16日前往国投天津北疆发电厂（以下简称“北疆发电厂”）进行实地调研，深入了解北疆发电厂发展循环经济的动态、取得的成效及面临的问题，形成了如下调研报告：

一、天津北疆发电厂循环经济模式的由来及现状

（一）天津北疆发电厂循环经济模式的由来

天津北疆发电厂循环经济模式的构想最早可追溯到2004年该项目规划设计之初。当时，该项目的核心企业——天津国投津能发电有限公司（由国投电力控股股份有限公司、天津市能源投资集团有限公司和天津长芦汉沽盐场有限责任公司分别以64%、34%和2%的比例共同出资组建）委托国家发改委经济体制与管理研究所循环经济研究室对发电、海水淡化等子项目以循环经济理念进行规划设计。经过研究论证，我们提出了建设电水盐联产的循环经济模式构想，该模式得到了业内专家的一致认可，并于

2005年获得国家发改委等部委批复，天津国投津能发电有限公司成为第一批国家循环经济试点单位，同时也是国家发改委确立的国内首批海水淡化试点单位。2009年和2010年，天津国投津能发电有限公司再次委托我单位对天津北疆发电厂循环经济模式经验进行总结，并对二期工程发展循环经济的有关措施进行论证，我们经过详细研究形成的有关报告再次获得了业内专家和主管部门的认可。2018年6月22日，天津北疆发电厂二期工程#3#4号机组正式投入商业运行，标志着天津北疆发电厂循环经济模式基本建设完成，当初的循环经济设想已变成现实，并且根据国家节能环保的最新要求，该模式仍在持续改进优化。该模式是我国电力行业发展循环经济的经典案例，是生产系统与生活系统循环链接的典范，是电力行业高质量发展的缩影。

（二）天津北疆发电厂循环经济模式基本情况

天津北疆发电厂循环经济模式主要由发电（含市政供暖）、海水淡化（含淡化水进市政供水管网）、浓海水制盐、固体废弃物综合利用四大部分组成。发电工程同时向周边居民供暖，产生的灰渣和烟气脱硫石膏用于生产建材，发电工程的乏汽（余热）作为海水淡化的热源；海水淡化后的产品——淡化水输送到周边部分自来水厂及工业企业；海水淡化后的废弃物——浓海水排入周边汉沽盐场制盐及生产盐化工产品。

1. 发电。

发电工程在循环经济链条中处于龙头地位，以其带动海水淡化、浓海水制盐、固体废弃物综合利用等后续产业链条。规划建设4×1 000MW燃煤发电超超临界机组，一期2×1 000MW超超临界发电机组于2009年建成投产，二期2×1 000MW超超临界发电机组于2018年6月正式进入商业运行。根据天津市集中供暖需求，二期发电机组建设成为热电联产机组，冬季向周边居民供暖。

2. 海水淡化。

规划建设50万立方米/日的海水淡化装置，一期20万立方米/日装置已于2013年建成投产，淡化水进入市政供水管网。由于淡化水价格问题，二期工程尚未开始建设。目前，北疆发电厂海水淡化工程每日产水约6万吨，自用约1.5万吨，约1万吨进入周边自来水厂，约4万吨进入周边造纸厂。

3. 浓海水制盐。

海水淡化后的浓海水（20万立方米/天）排入附近的汉沽盐场，取代原料海水，用于制盐及发展盐化工产业。目前，汉沽盐场已实现利用浓海水制取溴素和原盐，下一步将延伸产业链，发展下游盐化工产业。

4. 固体废弃物综合利用。

发电工程产生的粉煤灰、炉渣和脱硫石膏用于生产水泥、加气混凝土砌块等建材产品。目前，天津北疆发电厂只利用小部分灰渣和脱硫石膏生产加气混凝土砌块，其余大部分灰渣和脱硫石膏出售给市场上其他建材企业。

（三）天津北疆发电厂循环经济模式的持续改进情况

自2004年天津北疆发电厂循环经济模式构想被提出以来，发电、海水淡化、浓海水制盐、固体废弃物综合利用等各项目陆续建成投产，除海水淡化外，别的环节运行良好，在节能减排方面取得了显著成效。近年来，天津北疆发电厂进一步采取了一系列节能措施和超低排放改造，使得该循环经济模式不断得到优化。

1. 超低排放改造。

自2015年开始，按照国家有关部门要求，天津北疆发电厂对发电排放的烟气治理设施进行了超低排放改造，包括脱硝、低温省煤器、静电除尘、串塔脱硫、湿式电除尘等5个子项目，其中的多项技术应用于百万千瓦等级发电机组，真正做到了发电增容、污染物减排的目标。其中，低温省煤器将余热用于静电除

尘，促进污染物减排的同时还能进一步节约能源。

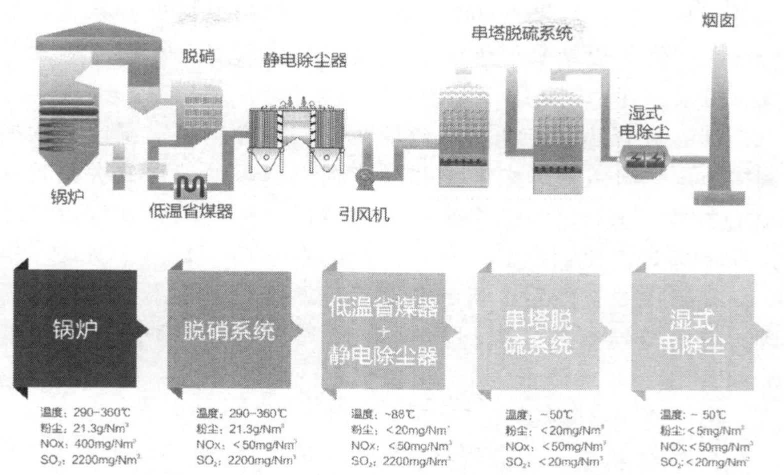

附图 2-1　天津北疆发电厂超低排放改造示意图

2. 节能降耗措施。

2017 年天津北疆发电厂节能方式优化措施完成 3 项；节能技术改造项目完成 9 项，延期 4 项，取消 3 项；完成 23 项检修维护节能措施；完成 43 项运行优化节能措施；完成 16 项海淡运行优化节能措施；完成 21 项燃料节能降耗措施。主要包括：

（1）2017 年两台机组运行稳定，1 号机组完成两次长周期运行（132 +200 天），2 号机组长周期运行 145 天；2017 年发电利用小时 4 984 小时，同比增加 2.73；运行小时 7 125.8，同比增加 9.33%；等效可用系数完成 91.73%，同比降低 1.4%；调度调停 7 次，计划检修停运 2 次，检修时间 1 453 小时；非停 0 次。

（2）成立真空严密性治理小组，编制真空系统排查和治理计划，利用新采购的真空检漏仪持续开展真空严密性治理，两台机组严密性同比降低 40pa/min。

（3）完成#1 机组凝泵深度变频优化，凝泵电耗率由 0.22% 降低至 0.17%，年节约 340 万度；#2 机组凝泵深度变频进行逻辑优化，优化凝结水母管压力控制值，除氧器上水调门尽量开大，凝泵电耗率较之前下降约 0.01%。

（4）配合热工专业分析汽轮机调门特性，制定调门开度控制措施，平衡两个细则考核和节流损失。通过摸索一次调频和 AGC 特性，总结以往两个细则考核情况，将高调阀开度始终维持在 44% 以内比较合理，全年两个细则净收入 316.4 万元。

（5）上线掌控生产指标竞赛管理系统，强化小指标控制管理，细化控制策略，确保压"红线"运行。（排烟温度降低 0.3℃；送风单耗降低 -0.06kwh/t 汽；凝泵单耗降 -0.01kwh/t 汽；凝汽器端差降低 -0.26℃）。

（6）#1 机组 B 修后汽机热耗较修前下降 85.3kJ/kW · h；锅炉效率较修前增加 0.59%。

（7）#2 机组 C 修后汽机热耗较修前下降 20.76kJ/kW · h；锅炉热效率较修前增加 1.21%。

（8）开展低负荷期间（负荷≤550MW（总煤量≤210t/h））时，3 台制粉系统运行试验，每小时节约厂用电约 650kWh/h，节约液氨消耗量约 15kg/h。

（9）开展"机组全负荷下三台输灰空压机运行"的实验，降低厂用电率 0.006%。

（10）完成 1E、2D、2E 磨煤机大修工作，经济性得到有效提升，运行电流降低 36A。

（11）#2 机组环保数据传送取点位置变更至烟囱 90m（相同工况下，日均喷氨量将减少约 0.5 吨）。

（12）排查厂内生活水各分系统并进行治理，降低生活水量 30t/h，生活水泵流量 35 ~ 50t/h。

二、天津北疆发电厂循环经济模式的效益及重大现实意义分析

天津北疆发电厂从规划设计阶段就引入循环经济理念，采取了电水盐联产的循环经济模式，建成运行后向社会提供大量的电力、盐及盐化工产品、淡化水、建材产品，实现了淡水资源零消耗、废水废渣零排放、废气超低排放，节约了大量盐田占地，实现了经济效益与环境效益的共赢。天津北疆发电厂循环经济模式的成功实践证明：一是现代燃煤发电厂能够实现比燃气发电排放更低的排放标准，煤炭的清洁利用和电能的清洁转换是现实可行的路径选择，为制定适合我国国情的能源发展战略提供了实践依据；二是现行海水淡化技术已经能够实现大规模供应淡化水，在海水淡化工程投资、自来水价格形成机制完善的前提下，淡化水成本可接受，这为我国淡水资源配置提供了新的思路，除了兴建南水北调等大型水利工程外，海水淡化成为我国解决淡水资源危机的可行选择。

（一）发电机组能耗指标处于国内领先水平

发电工程采用 4 ×1 000MW 超超临界燃煤发电机组，通过热电联产、电水联产等措施，能耗指标均处于国内同行业领先水平。其中，2017 年供电煤耗 279. 88 克/千瓦时，比全国平均水平（309 克/千瓦时）低 29 克/千瓦时，相当于年节约燃煤 28. 9 万吨，同时减少大量污染物排放。

附表 2 –1　天津北疆发电厂主要技术经济指标

序号	指标名称	单位	2017 年累计	2016 年累计
1	发电量	万千瓦时	996 697	972 289
2	综合厂用电率	%	5. 54%	5. 35%

续表

序号	指标名称	单位	2017 年累计	2016 年累计
3	售电量	万千瓦时	938 347	918 227
4	电价	万千瓦时	0.3714	0.3683
5	供热量	吉焦	1 812 321	72 542
6	发电标煤耗	克/千瓦时	267.04	270.94
7	供电标煤耗	克/千瓦时	279.88	284.13
8	入炉标煤单价（不含税）	元/吨	647.12	472.69

注：吉焦指 10 的 9 次方焦耳。

（二）发电机组污染物排放指标低于国家燃气机组排放标准

附图 2－2 为 2018 年 8 月 23 日中午 11 点 10 分拍摄的天津北疆发电厂实时运行排放指标，可以看出，北疆发电厂的烟尘、二氧化硫、氮氧化物等主要大气污染物排放指标已全面低于燃气发电机组国家排放标准，这充分证明了现代燃煤发电厂能够实现煤炭的清洁利用和电能的清洁转换，能够实现经济效益和环境效益的共赢。

（三）实现了固废、废水和浓海水“零排放”

固废“零排放”。发电工程产生的粉煤灰、炉渣和脱硫石膏用于生产加气混凝土砌块、水泥等建材，其中小部分由天津国投津能发电有限公司下属的建材公司生产 30 万立方加气混凝土砌块，大部分外销至周边企业生产建材，实现了固废“零排放”，同时还向社会提供了大量建材产品。

废水“零排放”。发电厂的生产和生活污水经厂内的污水处理厂处理后全部回用，既节约了大量淡水资源，还实现了废水“零排放”。

国投北疆发电厂排放运行指标

名称	平均燃煤机组指标	燃气轮机排放指标	北疆一号机组指标	北疆二号机组指标	北疆三号机组指标	北疆四号机组指标	单位
烟尘浓度	≤30	≤5	1.43	2.29	1.48	1.46	毫克/标准立方米
SO_2浓度	≤100	≤35	20.05	21.63	11.13	22.84	毫克/标准立方米
NO_x浓度	≤200	≤50	44.78	41.13	34.08	35.61	毫克/标准立方米

#1机组负荷 827.76 MW #2机组负荷 885.67 MW
#3机组负荷 894.98 MW #4机组负荷 928.63 MW

附图 2-2 天津北疆发电厂实时排放运行指标

注：拍摄时间为 2018 年 8 月 23 日中午 11 点 10 分。第一列为燃煤发电机组国家排放标准，第二列为燃气发电机组国家排放标准。

浓海水“零排放”。海水淡化后的浓海水如果直接排向大海将对渤海湾的生态环境造成一定影响，该模式将浓海水就近排向周边汉沽盐城制盐，由于浓海水浓度和温度均比普通海水高，大大提高了汉沽盐场的制盐效率，同时还实现了浓海水“零排放”。

（四）节约了大量盐田用地

由于利用浓海水制盐，采用工业化制盐工艺，提高了汉沽盐场的制盐效率，在保证天津市总盐产量不变的同时，可以置换出 22 平方公里的盐田用地，通过整理开发形成的建设用地，为天津滨海新区建设提供更大的发展空间。

（五）经济效益显著

除了海水淡化环节，发电、浓海水制盐、灰渣综合利用均取得了较好的经济效益。2017 年，北疆发电厂（含海水淡化）实现销售收入 306 509 万元，实现利润 12 935 万元。汉沽盐场在盐田面积减少的同时，由于制盐效率提高，产品供不应求，经济效益大幅增加。

附表 2－2　2017 年天津北疆发电厂利润构成

名称	全年累计利润（万元）
发电业务	39 090
制水业务	－25 886
供热业务	－269
合计	12 935

三、天津北疆发电厂循环经济模式运行面临的问题

（一）由于淡化水价格、并网等问题导致海水淡化工程大量产能闲置

天津北疆发电厂目前海水淡化产能为 20 万吨/天，淡化水实际产量为 6 万吨/天，14 万吨/天的产能处于闲置状态，主要原因是海水淡化成本过高、自来水价格形成机制不完善导致的水价过低及市政供水管网并网问题。

1. 相对于自来水价格，海水淡化成本仍然过高。

天津北疆发电厂淡化水全口径成本约为 8 元/吨，加上管网输送成本，到达用户终端水价更高。天津市居民生活用水价格（阶梯水价第一级）为 4. 90 元/立方米，非居民用水价格为 7. 85 元/立方米，特种行业用水价格为 22. 25 元/立方米。与自来水价格相比，

海水淡化成本仍然较高。目前，经过天津市有关部门协调，北疆发电厂以4.58元/吨的价格将海水淡化水销售给供水企业，由供水企业将淡化水输送到终端用户，海水淡化业务处于亏损状态。虽然天津市自来水价格相较于全国其他城市已处于较高水平，但天津市是极度缺水城市，主要依靠引滦入津和南水北调工程水，现有水价尚未覆盖对水源地的生态补偿成本。如果将生态环境成本计算在内，海水淡化成本并不会高于天津市的自来水成本。更为重要的是，海水淡化许多优惠政策尚未落实，其建设、运营及管道输配等全口径成本全部由企业自行承担，所有建设运营成本都反映到了淡化水价格上，而长距离调水工程及城市供水工程享有公益性工程的优惠政策，主要依靠中央及地方政府投资，银行贷款比例低，海水淡化与水利供水工程处于不同的竞争起跑线上。

2. 淡化水进入市政管网仍然存在体制障碍。

海水淡化涉及发改、水利、市政、海洋、科技等众多部门，由于各部门之间尚未建立有效的协作机制，导致海水产业发展面临许多难题，从取用海水、生产、输送、进入自来水供水管网等全环节均存在不同程度的障碍。其中，最为突出的是淡化水生产企业与传统自来水供水企业分属于不同的行业，自来水属于水务（水利、市政）部门主管，淡化水尚未纳入水务管理体系，淡化水大规模进入市政供水管网势必打破原有利益分配格局，面临诸多阻碍。天津市目前的做法是成立由市政供水企业控股的海水淡化水供水公司，天津北疆发电厂将淡化水卖给该公司，由该公司负责向自来水厂、用水企业供水。这样做的好处是打破了行业壁垒，使得淡化水顺利进入市政管网，但是淡化水供水公司需要盈利，进一步增加了淡化水的成本。

（二）冬季雾霾治理带来的市政供暖、灰渣难以处置等矛盾

近年来，京津冀雾霾治理政策日趋严格，冬季供暖季节部分

行业限产、停产可能会成为常态，但同时也带来了一系列问题。例如，2017 年冬季，为应对雾霾治理，天津市要求天津北疆发电厂二期工程 2 台百万千瓦机组推迟运行，但后来由于天然气不足、煤改气等导致部分居民供暖难，又要求天津北疆发电厂加快运行，由于下达任务要求的部门不同，政策不协调，给企业经营带来不利影响。此外，由于冬季水泥行业停产、建筑工地停工，导致对粉煤灰、炉渣和脱硫石膏的需求量大幅降低，发电厂的灰渣应急填埋场一般按照 15 天的标准建设，如果水泥行业和建筑工地连续几个月停产或停工，发电厂灰渣将难以消化、堆积成山，这又会带来额外的环保问题。

（三）海水淡化二期工程建成后汉沽盐场难以消纳全部浓海水

未来随着天津北疆发电厂向中新天津生态城供水及其他供水区域的拓展，天津北疆发电厂海水淡化产能将进一步得到释放，如果 50 万吨/天的海水淡化装置全部建成运行，汉沽盐场将难以消纳如此大量的浓海水。由于渤海湾地区特殊的自然环境，国家禁止向大海排放浓海水，未来北疆发电厂的浓海水必须寻求新的出路。

四、有关建议

（一）建立政府引导与市场化运营相结合的海水淡化产业促进机制

1. 加大财税支持。

对于以市政供水为主要目的的海水淡化工程项目及其管网设施建设，应加大财税支持力度，给予一定比例的投资、财政补贴、税收优惠；对海水淡化技术研发及设备生产企业给予一定税

收优惠；对海水淡化相关设备的引进给予关税优惠；对利用余热进行海水淡化以及对综合利用浓海水且实现“零排放”的企业给予一定税收优惠。

2. 制定合理的淡化水价格政策。

对淡化水进行价格补贴，如天津市为了鼓励利用淡化水，对淡化水暂不征收污水处理费和水资源费。实行分质供水、分质定价，对工业高端用水，制定较高的淡化水价格；对居民生活用水，按照“补偿成本、合理收益、节约用水、公平负担”的原则制定淡化水价格。

3. 建立多渠道、稳定可靠的海水淡化投融资机制。

采用 BOT（建设—经营—转移）、BOO（建设—拥有—经营）等模式，降低海水淡化工程的建设和运行成本；参照南水北调基金的做法，从自来水销售中提取少量的资金设立海水淡化基金，专项用于支持海水淡化工程建设、淡化水输送管网建设等；还可由政策性银行发起设立海水淡化产业投资基金，用于支持国内海水淡化产业发展，鼓励国内企业开展海外有关海水淡化基础设施建设与运营。

4. 深化自来水价格形成机制改革。

完善水资源有偿使用制度，建立对水源地的生态补偿机制，加快城市自来水价格改革，为淡化水大规模利用创造条件。

5. 将淡化水纳入城市水务管理体系，建立区域性水网。

加快城市水务管理体制改革，参照电网模式，以城市或城市区域、工业园区为单元，建立区域性水网，并将海水淡化纳入该管理体系，实行统一采购、统一配售，避免“一事一议”“一个项目一议”，打破供水市场现有的垄断局面。同时，要兼顾各方利益，减少改革阻力，积极促进海水淡化企业、输水企业、自来水厂、用水企业，通过相互持股、参股等方式，形成稳定的合作机制。

（二）加强海水淡化、浓海水综合利用技术研发，促进关键技术装备国产化

充分发挥科研院所、高校、企业的科研力量，实行产学研联合，积极开展基础性研究和应用性研究，促进科技成果转化。加强海水淡化重大关键技术和装备研发，促进装备国产化。加快浓海水综合利用技术研发，如研发利用浓海水进行真空制盐的新技术，该技术实行工业化制盐，不需要大规模的盐场，可更好地解决浓海水出路问题。组建海水淡化产业联盟，扶持培育一批具有国际竞争力的能提供海水淡化工程设计、设备采购、工程建设、运行维护能力的企业。

（三）加强监管，确保供水安全，防控海洋环境污染

按照不同的供水目的，对海水淡化进行分类管理，对于以市政供水为主要目的的海水淡化项目，政府要加强管理，建立政府收购淡化水制度，避免出现海水淡化项目建成后无法进入供水市场的局面；对于以向工业企业供水为目的“点对点”海水淡化项目，政府只作备案即可，采取市场化运作方式。对海水淡化工程的设计、建设、运行进行全过程监管，对海水淡化工程项目实行环境影响评价制度，加强对海水取用工程的环境跟踪评估；制定浓海水应急排放预案，防范突发性环境事故；对淡化水水质进行严密监测，确保供水安全。

（四）综合考虑产业发展、环保、民生等问题，慎用限产、停产等行政命令性手段

部分行业限产停产、煤改气等政策，虽然对于雾霾治理具有显著效果，但对于行业发展影响甚大，如建材行业停产限产、建筑工地停工可能导致大量的固废冬季无法处置。因此，在制定产业政策时要综合考虑产业发展、环保、民生等问题，慎用限产、

停产等行政命令性手段。鉴于目前的环保政策形势，对于发电企业来说，应尽快建设符合环保要求的临时灰渣堆存场地，避免由于灰渣无法处置而影响企业正常生产。

附录三：欧盟发展循环经济动态及对我国的启示（2019年）

循环经济理论最初起源于西方，20世纪90年代引入我国，并得到迅速发展。在我国，循环经济被定义为“是一种以资源的高效利用和循环利用为核心，以‘减量化、再利用、资源化’为原则，以低消耗、低排放、高效率为基本特征，符合可持续发展理念的经济增长模式，是对‘大量生产、大量消费、大量废弃’的传统增长模式的根本变革。”我国的循环经济实践覆盖生产生活领域、贯穿生产全过程，尤其注重生产源头资源消耗和废物排放的减量化。实际上，在循环经济先行国——德国和日本，其循环经济的概念范畴要比我国小很多，更侧重于生产末端和消费末端的废物管理，俗称“垃圾经济”（日本也叫“循环型社会”）。近年来，欧盟为了重振其经济和促进就业，积极寻求新的经济增长点，探索经济发展与资源环境相协调的道路，在借鉴我国及日本等国发展循环经济的理论与实践成果基础上，出台实施了“欧盟循环经济一揽子计划”，认为循环经济是一种产品、材料和资源的价值在经济系统中尽可能长时间地保持，并将废物的产生最小化的经济模式，并将循环经济作为欧盟提升竞争力、促进就业、推动经济可持续发展的一种新方式。本文回顾欧盟循环经济发展历程，重点介绍2015年以来欧盟推动实施循环经济一揽子计划的有关做法及取得的成效，以期为我国“十四五”推动循环经济发展提供借鉴。

一、欧盟循环经济发展历程

（一）20 世纪 70 年代至 2010 年：欧盟循环经济发展以废物循环利用为主，作为环境政策的组成部分

欧盟早期的循环经济起源于废物管理，是欧盟环境政策的重要组成部分。1975 年，欧共体（欧盟的前身）出台了第一部关于废物的法规（75/442/CEE），确立了废物处理优先级为废物预防、回收、再利用、处理处置等。2006 年，欧盟出台了关于废物管理框架指令（2006/12/EC），取代了 1975 年出台的废物管理框架指令（75/442/CEE），该新指令提出了废物的欧洲分类标准，但没有设定废物具体回收利用目标，允许欧盟成员国根据本国国情，采取不同的实施形式和方法来确保落实该框架指令的要求。2008 年，欧盟出台了新的废物管理框架指令（2008/98/EC），取代了 2006 年的废物管理框架指令（2006/12/EC）。该框架指令是欧盟废物管理的基础法律框架，反映了可持续废物管理的理念，明确提出废物管理优先原则，即预防（prevention）、准备再利用（preparing for re - use）、循环利用（recycling）、能源回收（recovery）和最终处置（disposal）的优先级依次递减，还规定了实现废物再利用和循环利用的具体目标和时间表。

在专项废物管理领域，欧盟也出台了相关立法，推动专项废物的回收利用及最终处置。如 1991 年，欧盟发布危险废物指令（91/689/CEE），对危险废物的管理、再利用和清除进行了规定，并在 2006/12/CE 指令中对其进行了补充。1994 年，欧盟出台了包装和包装废物法令（Directive 94/62/EC），设定了包装废物回收、再生利用及焚烧等目标。1999 年欧盟出台有机垃圾填埋法令（1999/31/CE），制定了减少有机垃圾填埋量的目标，以最大可能地实现再利用和循环利用。该法令设定的目标分为三个阶段：第一阶段，到2006年，进入填埋场的有机物在1995年的基础上削减25%；第二阶段，到2009年，进入填埋场的有机物在1995年的基础上削减50%；第三阶段，到2016年，进入填埋场的有机物在1995年的基础上削减65%。2000年，欧盟出台了《欧盟报废汽车指令》（Directives 2000/53/EC on end - of - life vehicles）。2005年，欧盟颁布了《废弃电子电气设备指令》（Waste Electrical and Electronic Equipment Directive，WEEE）。2006年，欧盟出台了《欧盟电池和蓄电池及废电池和蓄电池指令》（2006/66/EC on batteries and accumulators and waste batteries and accumulators）。至此，欧盟各类废物管理的有关法规政策已相对比较成熟和完善。

（二）2010~2014年：欧盟循环经济逐步向资源节约利用发展转变，而不再仅仅局限于废物的循环利用

2010年，在经济危机的背景下，欧盟委员会发布了“欧盟2020战略”，该战略是继里斯本战略后①，欧盟出台的第二个十年经济发展规划，其战略目标是改善和促进欧盟竞争力和就业环境，以研究和创新、绿色经济、就业为重点，并将发展低碳经济作为绿色经济的抓手，引导欧盟走出经济危机，促进经济复苏。该战略设定了温室气体减排、可再生能源利用、能效提高的具体目标，即到2020年，将温室气体排放量在1990年的基础上削减20%（若其他国家积极减排，则为30%），将可再生能源在最终能源消费中的比例提高到20%，将能源效率提高20%。资源效率欧洲动议（“Resource Efficient Europe”）被识别为欧洲发展低碳经济的主要措施之一。在此基础上，欧盟于2011年正式发起

① 里斯本战略指为加快经济改革、促进就业，欧盟15国领导人2000年3月在葡萄牙首都里斯本举行特别首脑会议，达成并通过了一项关于欧盟十年经济发展的规划，其目标是希望通过鼓励创新、大力推动信息通信技术的应用与发展，探索面向知识经济的下一代创新，即创新2.0，其目标是使欧盟在2010年前成为“以知识为基础的、世界上最有竞争力的经济体”。

了“唤醒一代人，你们的选择将造就一个不同的世界！”为口号的资源节约运动，旨在鼓励消费者形成节约资源的习惯，并制定了资源效率路线图（Roadmap to a Resource Efficient Europe）。2012 年，欧盟颁布了《欧盟资源节约利用宣言》，为各成员国的循环经济向资源节约利用方向发展提供政策支持，并对成员国发展资源节约型循环经济的目标、原则、方式进行了阐释，为接下来各成员国制定本国的资源节约计划提供模板和参考。德国、丹麦等国均制定了本国的资源节约计划。由此，欧盟循环经济发展的中心已经从废物循环利用向资源节约利用转移。

当然，与此同时，欧盟依然在推进有关废物循环利用的工作。如 2012 年，欧盟对《废弃电气电子设备指令》进行了修订，扩大了需要回收利用的产品范围，并设定了两个最高回收目标，即指令生效后 4 年，欧盟成员国每年须收集投入本国市场 45% 的电子电气设备报废产品；指令生效后 7 年，欧盟成员国的收集率要达到 65% 。

（三）2015 年以后：出台并实施“欧盟循环经济一揽子计划”，将循环经济上升为推动欧盟经济全面发展的新战略

2015 年，在整合欧盟原有废物管理、资源节约利用等法规政策及有关实践的基础上，欧盟正式发布了“循环经济一揽子计划”。该计划包括四项废物管理立法修正建议和一个完整的行动计划——《循环经济行动计划》（Closing the loop - An EU action plan for the Circular Economy）及后续行动清单；覆盖生产、消费、废物管理、变废物为资源的产品生命周期四个环节，并设定了塑料、食物垃圾、关键原材料、建筑及拆除、生物产品五个优先发展领域和行动时间表。一方面，“循环经济一揽子计划”仍基于废物的循环利用，并对废物、包装和废弃包装、废物填埋、报废汽车、电池及加速器、电器电子废物等指令进行修正；另一方面，“循环经济一揽子计划”又不局限于废物循环利用，欧洲

大力推进循环经济就是要改变当前占据主导地位的“获取—制造—消费—处置（take - make - consume - dispose）”线性经济发展模式，通过产品的生态设计、维修、重用、翻新、再制造、回收等方式，使资源在整个生命周期过程中能够高效、可持续开发利用，用最少的原材料和能源投入，产生最大的经济效益，减少资源浪费，降低废物和二氧化碳的排放，减轻生态环境压力，实现经济和环境的双赢。可见，欧盟发展循环经济已不再局限于以废物管理为核心的环境政策，而是汇聚了不同领域的政策要求，将循环经济作为欧盟提升竞争力、促进就业、推动经济可持续发展的一种新方式，循环经济已上升为欧盟经济全面发展的新战略。自 2015 年欧盟发布“循环经济一揽子计划”以来，有关工作有序推进。2019 年欧盟发布的《〈循环经济行动计划〉实施情况的综合报告》显示，2015 年启动的该计划下的所有 54 项行动均已显现成果或实施进行中，这将有助于提高欧洲的竞争力，推进经济和工业现代化并创造就业机会，保护环境及实现可持续增长。

二、欧盟发展循环经济的主要目标

（一）战略目标

欧盟发展循环经济的战略目标是推动欧盟向可持续、低碳、资源高效和有竞争力的经济转型，从而提高欧洲的竞争力，增加就业，推动欧盟经济社会全面发展，实现经济和环境的双赢。

（二）具体指标

欧盟发展循环经济还设定了一系列具体的约束性指标。到 2025 年，食物垃圾减少 30%；包装废物回收利用率达到 65%，其中塑料包装回收利用率达到 50%，并且 1 000 万吨再生塑料用于新产品；城市垃圾回收利用率达到 55%。到 2030 年，食物垃

圾减少 50%；包装废物回收利用率达到 70%，其中塑料包装回收利用率达到 55%；垃圾填埋量占城市垃圾总量的比例最大不超过 10%，禁止在垃圾填埋场填埋可回收的废物（包括塑料、纸张、金属、玻璃和可生物降解的废物）等。

需要说明的是，除了上述约束性指标以外，还有一些指标是评估循环经济进展的重要指标，这些指标涵盖资源、产品和服务生命周期的各个阶段，包括生产、消费、废物管理、再生原料、竞争力和创新等领域。

附表 3－1　欧盟循环经济发展指标

名称	2016 年	2025 年	2030 年	2035 年
食物垃圾减少比例（food waste reduction）	—	30%	50%	—
包装废物回收利用率总目标	66%（2015 年）	65%	70%	—
其中：塑料	40%	50%	55%	—
木材	—	25%	30%	—
黑色金属	—	70%	80%	—
铝	—	50%	60%	—
玻璃	—	70%	75%	—
纸和纸板	—	75%	85%	—
废弃电气电子设备回收利用率	32%	65%（2019 年）	—	—
城市垃圾回收利用率（the preparing for re－use and the recycling of municipal waste）	46%	55%	60%	65%
垃圾填埋率（垃圾填埋量占城市垃圾总量的比例）	29%（2012 年）	—	<10%	—
其中：可回收垃圾填埋比例	—	—	0	—
建筑和拆除废物回收利用比例	88%	70%（2020 年）	—	—

注：包装废物回收利用率和建筑和拆除废物回收利用比例现状值已大于 2025 年的目标值，表明 2025 年目标已实现。

三、欧盟发展循环经济的重点领域及主要做法

欧盟系统推进循环经济发展，涉及生产、消费、废物管理、变废物为资源四个关键环节，塑料、食物垃圾、关键原材料、建筑及拆除物、生物质和生物基产品五大特定领域，每个环节、每个特定领域均有具体的实施措施，包括修订法律法规、出台标准、设定具体定量目标等。同时，加大资金支持力度，推动循环经济创新，调动利益相关者参与，加强循环经济进展监测与成效评估，以改进循环经济发展优先领域。

（一）主抓循环经济四大关键环节

欧盟发展循环经济覆盖了产品全生命周期，包括生产、消费、废物管理、变废物为资源四个环节。

1. 生产环节：设计和生产易于回收利用的产品，提高生产过程资源利用效率。

设计阶段和生产过程会影响产品生命周期中的采购、资源利用和废物产生。

关于产品设计：更好的设计可以使产品更耐用或更容易维修、升级或再制造，更有利于回收者拆解产品，以回收有价值的材料和组件，从而节省宝贵的资源。欧盟从以下三个方面促进产品的生态设计。一是修订《生态设计指令》（Eco－design Directive）。目前欧盟对产品的生态设计要求主要针对能源效率，为了更好地体现循环经济的原则，欧盟将修订《生态设计指令》，制定与循环经济相关的产品设计要求，从而促进产品的可修复性、可升级性、耐久性和可回收性。在《生态设计指令》的框架下，欧盟已经制定并很快将向成员国提出强制性的产品生态设计和标记要求，以使拆卸、再利用和回收电子显示器（如平板电脑或电视屏幕）更容易、更安全。二是新修订的《废物指令》（DIREC-

TIVE（EU）2018/851）对生产者责任延伸制度进行了规定，将通过经济手段鼓励生产者进行更好的产品设计。三是按照循环经济的要求审查现有各种产品政策，制定更为一致的政策框架，促进循环经济发展。欧盟委员会已要求欧洲标准化组织制定水平标准，以衡量产品的耐久性、可重用性、可修复性、可回收性和其中含有的关键原材料。

关于生产过程：即使产品设计良好，生产过程中对资源的低效利用也可能导致失去商业机会和大量废物产生。为此，欧盟主要从以下三大方面推动改进生产过程，提高资源利用效率和减少废物产生。一是将循环经济的有关要求，如能源消耗和材料使用、废物预防、回收和减少危险化学品等，纳入若干工业部门的最佳可行技术参考文件（BREF），并将其作为成员国在颁发工业厂房许可证时的参考标准。二是提高欧盟生态管理和审计计划（EMAS）的利用率，已帮助组织机构不断改进在能源和材料效率、水消耗、废物产生、生物多样性和排放等方面的环境绩效。三是帮助中小企业从提高资源效率的商业机会中受益，包括成立欧洲资源效率卓越中心（European Resource Efficiency Excellence Centre），支持中小企业获得创新技术等。

2. 消费环节：帮助消费者选择绿色产品和服务，提高绿色公共采购比例。

向更循环经济的过渡需要消费者积极参与改变消费模式，而消费行为的改变与消费者可获得的信息、现有产品的范围和价格、产品的有关规章制度共同决定。一是通过提供更好的机会，针对不公平的商业惯例，采取个别和集体补救措施，加强对消费者的保护，使其免受虚假环境声明的影响。二是向消费者提供更完善的环境信息。如完善生态标签（Eco - label）制度，提高其有效性。此外，欧盟委员会还开发了产品环境足迹和组织环境足迹方法，帮助公司制定可靠、可重复和可比较的环境声明，消费者可以根据可靠的信息做出明智的选择。三是鼓励成员国提供激励措施并使用税收等经济手段，以确保产品价格更好地反映环境成本。四是制定新的绿色公共采购标准，发布了“购买绿色”手册和“循环经济公共采购”手册，鼓励成员国开展绿色采购，并在欧盟委员会自身的公共采购和资金使用方面带头示范。

3. 废物管理环节：修订有关废物指令，设定明确的回收利用目标。

废物管理在循环经济中发挥着核心作用。欧盟废物处置的优先顺序为预防产生、再利用、再循环、能源回收、填埋。为了确保这一废物处置优先原则得到贯彻实现，一是欧盟于 2018 年 6 月修订了四项废弃物法规，分别是新废物指令（EU）2018/851、包装和包装废物指令（EU）2018/852、废物填埋场指令（EU）2018/850 和报废车辆、废电池及蓄电池及废弃电气电子设备指令（EU）2018/849，设立了新的废弃物回收率目标；二是加强与会员国的合作，以更好地执行欧盟废物立法，并打击非法运输报废车辆（ELV）；三是加强执行修订后的废物运输规定，如更加清晰的欧盟海关代码有助于废物运营商和海关官员识别废物流，制定一套电子数据交换准则也有助于执行废物运输规定；四是推动以行业为主导的重点废物或可回收材料处理设施的自愿认证；五是进一步明确废物能源化的有关要求，以避免通过填埋和焚烧造成不必要的宝贵资源损失。

4. 变废物为资源环节：促进再生原料和水循环利用。

再生原料（secondary raw materials）的利用是发展循环经济的重要方面，将回收的再生原料作为原料返回经济系统，可以提高资源供应的安全性。目前，再生原料占欧盟所用原材料的比例很小。影响再生原料利用的因素包括废物管理方式、再生原料质量的不确定性、再生原料中有毒物质的含量等。欧盟委员会采取的措施主要包括：一是制定再生原料（特别是塑料）的质量标

准；二是修订肥料法规，为现在具有 CE 标志[①]的有机肥料产品提供了公平的竞争环境，促进了欧洲市场上从副产品和回收的生物垃圾中生产有机肥料；三是解决化学品、产品和废物立法之间的衔接问题，包括如何减少产品中化学品的含量并改进对这些化学品的追踪；四是进一步完善欧洲原材料信息系统，增加了循环经济和再生原料主题版块；五是立法规定再生水用于灌溉和地下水补给的最低要求，将再生水利用纳入水资源规划和管理中，以促进解决整个欧盟的水资源短缺问题。

（二）推动五大特定领域优先发展

由于其产品或价值链的特殊性、其环境足迹或对来自欧洲以外的材料的依赖性，一些部门在循环经济背景下面临着具体的挑战。这些部门需要有针对性地加以解决，以确保在整个价值链中充分考虑到周期各个阶段之间的相互作用。为此，“欧盟循环经济一揽子计划”还确定了发展循环经济的五大特定领域，分别是塑料、食物垃圾、关键原材料、建筑及拆除物、生物质与生物基产品。

1. 塑料。

增加塑料回收量对于向循环经济过渡至关重要。欧盟塑料使用量稳步增长，但收集的塑料废物中只有不到 25% 被回收利用，约 50% 用于填埋，大量塑料最终进入海洋，成为海洋垃圾，污染海洋环境。更为智能的塑料收集和分拣机器有利于塑料回收，减少塑料填埋和焚烧。塑料中的有害化学添加剂可能造成塑料回收困难，一些创新型塑料的出现引发了新的问题，如关于塑料的

---

① “CE”标志是一种安全认证标志。在欧盟市场“CE”标志属强制性认证标志，不论是欧盟内部企业生产的产品，还是其他国家生产的产品，要想在欧盟市场上自由流通，就必须加贴“CE”标志，以表明产品符合欧盟《技术协调与标准化新方法》指令的基本要求。

生物降解性。为了解决这些问题，欧盟在新修订的废物法令中，制定了更高的塑料包装回收目标，并且出台了一项考虑全生命周期的塑料战略。该战略建立在四大支柱之上：提高塑料回收的经济性和质量，改进产品设计，提高再生成分和改善塑料废物收集；控制塑料废物和乱抛垃圾，采取措施减少一次性塑料，更有效地监测和抑制海洋垃圾，推动可堆肥和可生物降解的塑料的处置，遏制微塑料污染；推动投资和创新以实现循环解决方案，并采取行动促进价值链中的投资和创新；利用全球行动、双边和多边行动以及与国际贸易有关的行动，控制塑料污染。

欧盟塑料战略

2018 年 1 月，欧盟委员会宣布在欧盟范围内实施首个针对塑料制品的战略，即“欧洲塑料战略”，该战略是欧盟范围内第一个采用特定材料生命周期方法将生态设计、使用、再利用和再循环活动整合到塑料价值链中的政策框架。欧盟委员会表示，这是欧盟为保护海洋环境、推动塑料产品可循环利用所采取的重要举措。根据该战略，到 2026 年前，要将成员国的人均塑料袋使用量从每年 90 个减少到 40 个，到 2030 年欧盟成员国将实现所有塑料包装产品的循环利用，减少一次性塑料产品消费，限制在产品中使用微塑料（如在化妆品中添加微塑料）。

2018 年 5 月，欧盟委员会通过《关于提请欧洲议会和理事会通过减少特定塑料产品对环境产生影响的指令》，意在控制欧洲海滩和海上 10 种最常见的一次性塑料制品（包括塑料餐具（含吸管、刀叉等）、棉签、气球及托架、塑料餐盒、塑料杯、塑料瓶、烟头、塑料袋、薯片袋（含糖纸）、湿纸巾）以及丢弃的渔具。

2. 食物垃圾。

食物垃圾在欧洲越来越受到关注。食物的生产、分配和储存均需使用自然资源并产生环境影响。丢弃仍然可食用的食物会增加这些影响，并带来经济损失。2015 年 9 月，联合国大会通过了一项目标，即在零售和消费者层面将人均食物浪费减半，并减少生产和供应链中的粮食损失，这是 2030 年可持续发展目标的一部分。为了支持实现这一目标，最大限度地发挥食品供应链中的参与者的积极性，欧盟采取了如下措施：与成员国和利益攸关方密切合作，制定一项衡量食物垃圾的统一方法，并确定相关指标；采取措施明确欧盟有关废物、食物和饲料的有关规定，促进食物捐赠以及在饲料生产中使用食品和副产品，同时确保食品和饲料的安全；研究改善食品的使用日期标记方法，引导消费者正确理解“最佳之前”日期和失效日期标签，避免食品被错误的抛弃和浪费。

3. 关键原材料。

关键原材料（Critical raw materials）对欧盟来说既具有很高的经济重要性，又容易受到供应中断的影响，在某些情况下，它们的提取也会对环境产生重大影响。关键原材料通常存在于电子设备、采矿废物中，目前回收率极低。提高关键原材料的回收率是转向更加循环的经济所必须解决的挑战之一。虽然欧盟现有法规鼓励回收电子废物，但收集、拆解和回收含有此类材料的产品存在诸多障碍，如电子设备设计是否具备易于拆解回收、制造商与电子产品回收商之间的信息交换不足、缺乏回收标准、缺乏有关回收关键原材料潜力的数据等。欧盟采取一系列行动鼓励关键原材料的回收，主要包括：发布《关键原材料与循环经济报告》，分析各类产品和废弃物中潜在的战略性资源，为推动关键原材料循环利用奠定基础；改善制造商和回收商之间在电子产品上的信息交流；制定欧洲电子废物和废电池的材料回收标准，以提高关键原材料的高质量回收率。

附表 3-2　　欧盟 2017 年关键原材料清单

锑	萤石	轻稀土	磷
重晶石	镓	镁	钪
铍	锗	天然石墨	硅金属
铋	铪	天然橡胶	钽
硼酸盐	氦	铌	钨
钴	重稀土元素	铂族金属	钒
焦练煤	铟	磷矿石	

4. 建筑及拆除物。

从数量上看，建筑及拆除物是欧洲最大的废物来源之一。许多建筑垃圾可回收或可以重复使用，但欧盟各成员国的再利用和再循环率差异很大。为了鼓励建筑及拆除废物的循环利用，欧盟制定了强制性的回收利用目标；制定有关核心指标，评估建筑物整个生命周期中的环境绩效；鼓励改进建筑物设计，以减少对环境的影响，并提高其组件的耐用性和可回收性；发布了建筑业拆迁前评估指南，以促进有价值的材料被识别、单独收集或充分回收。

5. 生物质和生物基产品。

生物基材料，即以生物资源（如木材、作物或纤维）为基础的材料，可用于多种产品（建筑、家具、纸张、食品、纺织、化学品等）和能源用途（如生物燃料）。生物经济为化石产品和能源提供了替代品，并可为循环经济做出贡献。生物基材料还具有可再生性、生物降解性或可堆肥性等优点。另一方面，使用生物资源需要关注其生命周期的环境影响和可持续采购。生物资源的多种用途也会相互竞争，并对土地使用造成压力。为此，欧盟审查了 2012 年生物经济战略对循环经济的贡献，考虑在必要时对其进行更新，并通过一系列措施促进生物资源的有效利用，支持生物经济创新；新的可再生能源指令包含了有关循环经济和废物等级的规定，解决了能源和非能源部门之间生物质资源利用冲

突的风险；修订后的废物指令包含了回收木质包装的目标和确保单独收集生物废料的规定。

（三）加大循环经济资金支持力度

为了加快向循环经济转型，欧盟为循环经济创新和产业调整提供资金支持。在2016～2020年期间，欧盟委员会在两个方向上都加大了努力，投入的公共资金总额超过100亿欧元。主要包括：（1）截至2018年，“地平线2020计划”（Horizon 2020）[①]投资14亿欧元（用于可持续加工工业、废物和资源管理、闭环制造系统或循环生物经济等领域），其中3.5亿欧元用于塑料循环。（2）“凝聚政策基金”（cohesion policy）[②]至少投资71亿欧元（其中，18亿欧元用于中小企业吸收生态创新技术，53亿欧元用于支持欧盟废物立法的实施）。（3）通过欧洲战略投资基金（European Fund for Strategic Investments）和Innovfin[③]等融资工具，投入21亿欧元。（4）通过“LIFE计划”[④]至少投资1亿欧

---

① “地平线2020”（Horizon 2020）是欧洲第八个“欧盟科研框架计划”。“欧盟科研框架计划”始于1984年，以研究国际前沿和竞争性科技难点为主要内容，是欧盟成员国共同参与的中期重大科研计划。“地平线2020”于2014年1月31日正式启动。

② “凝聚政策”（cohesion policy）是欧盟在国家层面和区域层面支持经济和社会平衡发展的主要工具，从1988年产生至今已有30多年历史。该政策是除单一市场和单一货币政策之外的第三个欧盟增长政策，目前主要包括欧洲地区发展基金和欧洲社会基金这两个结构基金，以及一个凝聚基金。

③ 欧洲投资银行（EIB）为推动科技创新和技术研发，推出了一款为专为创新者融资的金融工具InnovFin。这款产品被设计成为体系化的综合金融工具，包括中小企业担保金、中小企业创业投资金、中型企业担保金、中型企业成长金、大型项目贷款和担保产品、能源示范项目产品、传染病金融支持便利，以及InnovFin咨询等八项产品。

④ “LIFE计划”是欧盟环境和气候行动计划的的筹资工具，该计划的总体目标是通过资助具有升值潜力的项目，促进欧盟环境政策和立法的实施、更新和发展。欧盟委员会环境总署和气候行动小组负责管理“LIFE计划”。

元，用于80多个促进循环经济发展的项目。在2021～2027年的期间，循环经济仍然是“凝聚政策”的支持重点。欧盟委员会提出了关于设立一个新的欧洲区域发展基金和凝聚基金的提议，将循环经济作为欧盟实现更绿色、更智能的欧洲的优先事项，其中不包括对垃圾填埋场和处理残余废物设施的投资，这与欧盟废物处理的优先顺序保持一致。

除了为转型提供资金外，欧盟委员会还在2016年启动了创新试点交易，解决了可能阻碍循环经济创新的监管障碍。根据这两个试点的经验，欧盟委员会目前正在考虑在其他部门测试这一方法。

为刺激进一步投资，欧盟成立了循环经济金融支持平台。该平台协调筹融资活动和分享好的循环经济实践，以改善循环经济项目的可融资性。该平台将与欧洲投资银行合作，提供财政援助。

（四）调动利益相关者参与

利益相关者的参与对于向循环经济转型至关重要，欧盟积极调动利益相关者推动循环经济发展。一是《欧盟循环经济行动计划》的系统方法为政府机构、企业、公众提供了一个可复制的框架。欧盟的行动激发了关于循环经济的广泛辩论，大多数成员国已经或拟将循环经济作为国家战略。《欧盟循环经济行动计划》的框架通常在区域和地方层面得到复制，使循环经济更接近公众和企业。二是成立了欧洲循环经济利益相关者平台，汇集了许多关于循环经济的网络和倡议，该平台宣传公共和私营部门关于循环经济的最佳做法，有利于扩大循环经济的影响力。在活动的第一年，该平台收集并传播了300多个关于最佳做法、战略和报告的案例。三是利益相关者正在推动不同领域的转型。例如，工业界的参与使得欧盟建筑和拆除废物议定书和指南被采纳，其最终目标是增加对建筑废物管理过程和回收材料质量的信心。企业界

已经在欧洲 130 多个项目中尝试提高建筑物的资源绩效，并正在进行 Level（s）测试（衡量建筑部门可持续性的第一个指标框架）。食品价值链上的公共和私营部门的主要参与者通过欧盟食品损失和食品浪费平台，帮助欧盟委员会实施预防食品垃圾行动，包括出台促进粮食捐赠的指导方针、制定食物废物测量方法和改进日期标记做法，从而有助于加速欧盟到 2030 年实现人均食物浪费减半的目标。此外，利益相关者也在向欧洲以外的地区输出转型，欧洲公司定期参与循环经济联合行动，加强欧洲机构、非政府组织、公司和第三国利益攸关方之间的联系。

（五）加强循环经济进展评估

在向更为循环的经济过渡的过程中，监测关键的趋势和模式对于了解循环经济各要素如何随着时间的推移而发展、帮助确定成员国的成功因素以及评估是否已采取足够的行动至关重要。监测结果应成为确定循环经济发展的优先事项的基础，以确保实现循环经济的长远目标。2018 年 1 月 16 日，欧盟发布了一套“循环经济监测框架”，该监测框架借鉴了欧盟近年来开发的“资源效率计分板”（Resource Efficiency Scoreboard）和“原材料计分板”（Resource Efficiency Scoreboard）两套指标体系，由十个关键指标组成，涵盖资源、产品和服务生命周期的各个阶段，主要包括四大方面：（1）生产和消费；（2）废物管理；（3）再生原料；（4）竞争力和创新。该监测框架将成为跟踪向循环经济转型的关键趋势的工具，以评估现有措施和所有行动者的参与是否足够有效，并帮助确定成员国可传播的最佳做法。下一步，欧盟将继续制定和完善有关指标，特别是关于食物垃圾和绿色公共采购的指标。

值得注意的是，“资源效率计分板”和“原材料计分板”中的一些指标与循环经济密切相关，如“资源效率计分板”中的资源生产率指标，“原材料计分板”中的循环经济中的物质流动、回收利用对原材料需求的贡献度、废弃电气电子设备的管理、再生原料的贸易等指标。这指标可以与“欧盟循环经济监测框架”相互补充，以更加全面地衡量循环经济进展情况。

附表 3－3　　欧盟循环经济监测框架指标

序号	名称	相关性	政策进展及案例
生产和消费			
1	欧盟原材料自给自足	循环经济应有助于解决原材料，特别是关键原材料的供应风险	原材料倡议；资源效率路线图
2	绿色公共采购*	公共采购占消费的很大一部分，可以推动循环经济	公共采购战略；欧盟绿色公共采购的支持计划和自愿标准
3	废物产生	在循环经济中，废物产生最小化	废物指令；关于特定废物的指令；塑料战略
4	食物垃圾*	丢弃食物会对环境、气候和经济产生负面影响	一般食品法规；废物指令；各种举措（例如食物损失和食物浪费平台）
废物管理			
5a－b	整体回收率	增加循环利用是向循环经济过渡的一部分	废物指令
6a－f	特定废物的回收率	反映了回收关键废物的进展	废物指令；垃圾填埋指令；关于特定废物的指令
再生原料			
7a－b	再生原料对原材料需求的贡献	在循环经济中，再生原料通常用于制造新产品	废物指令；生态设计指令；欧盟生态标签；REACH 法规（化学品注册、评估、许可和限制）；关于化学品、产品和废物政策之间的关系的倡议；塑料战略；再生原料的质量标准

续表

序号	名称	相关性	政策进展及案例
8	可回收的原材料的贸易	可回收物品的贸易反映了欧盟内部市场和全球参与循环经济的重要性	内部市场政策；废物运输规定；贸易政策
竞争力和创新			
9a－c	私人投资、就业和总增加值（GVA, gross value added）	反映了循环经济对创造就业和增长的贡献	欧洲投资计划；结构和投资基金；InnovFin 金融工具；循环经济金融支持平台；可持续金融战略；绿色就业倡议；内部市场政策
10	专利	与循环经济相关的创新技术提升了欧盟的全球竞争力	地平线 2020

* 正在制定的指标。

四、欧盟循环经济取得的成效

欧盟通过发展循环经济，资源产出率不断提升，主要废弃物回收利用率大幅增加，基本实现了经济增长与资源使用的脱钩，同时带动了就业，促进了经济增长。

（一）资源环境成效

在原材料供应自给自足方面，欧盟对大多数非金属矿物（如建筑材料和工业矿物）基本上是自给自足的。但欧盟关键原材料在很大程度上依赖进口，这凸显了安全获取和供应多样化的必要性。

资源产出率大幅增长。据欧盟统计局的测算，2000～2013 年间欧盟的资源生产率增长了 60%，年改善率约为 12%。欧盟统计局估算的欧盟27国资源生产率，2000年为1.22欧元/千克，2013年为1.96欧元/千克（GDP/国内材料消耗）。这一增长率高于报告期内国内生产总值（GDP）本身的增长率，这表明资源使用与经济产出脱钩。它还表明循环经济活动可能开始发展。但是，整个欧洲的情况并不统一，个别会员国的进展取决于许多因素。

城市垃圾产生量平均在下降。欧盟城市垃圾产生量在2006~2016年间下降了8%，平均每年人均480kg。但是，欧盟成员之间存在很大差异（人均每年250~750kg不等），一些成员国的城市废物产生量仍在增加。产生的废物量仍然在一定程度上与人均GDP相关。自2006年以来，每单位国内生产总值废物产生（包括工业和商业废物，但不包括主要矿物废物）的数据显示减少了11%。

人均食物垃圾在减少，但减少食物浪费仍具有巨大的潜力。食物浪费遍及价值链：生产和分销期间、商店、餐馆、餐饮设施和家庭。这使得特别难以量化。根据欧盟统计局的初步估计，2012~2014年期间，欧盟食品垃圾从81%减少至7 600万吨（即约7%），相当于人均减少161~149千克。

主要废弃物回收利用率大幅上升。城市垃圾回收利用率：2008~2016年间，欧盟城市垃圾回收利用率从37%上升至46%。其中，有五个成员国回收了一半以上的城市垃圾，而一些国家正在接近欧盟委员会提出的2030年65%的回收目标，但仍有五个成员国低于25%。包装废弃物：在2008~2015年期间，欧盟的包装废弃物回收利用率也从62%上升到66%，几乎在所有成员国都有所增加，并且在2015年，几乎所有成员国都达到了2008年55%的目标。塑料包装：塑料包装回收利用率尽管近年来有所改善，但欧盟的平均回收率明显较低，为40%。市政生物废物：2016年，欧盟市政生物废物的人均回收率为79千克，比2007年增长了23%。废弃电气电子设备

（WEEE）：数据显示，欧盟成员国的收集和回收水平差异很大，提高资源效率及减少非法收集、处理和运输的潜力巨大。2015 年，只有四个成员国回收超过一半已投放市场的电气电子设备。建筑和拆除废物：建筑和拆除废物是欧盟最大的单一废物流，20 个成员国报告说已经达到了 2020 年的回收利用目标（70%）。但应该指出的是，目前统计的回收利用率包括回填，这种做法不能维持原材料在经济系统中的价值，因此不利于循环经济。

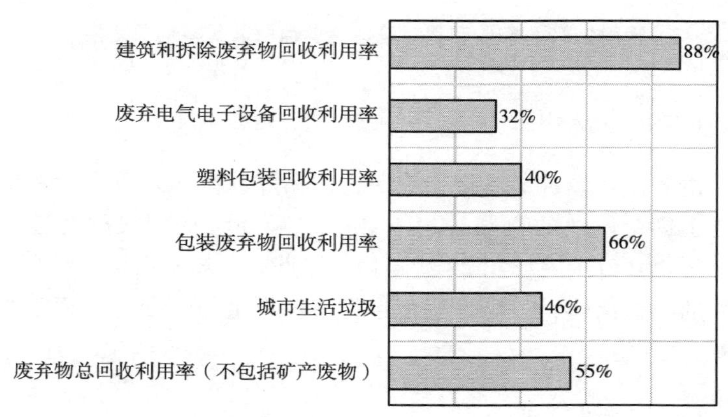

附图 3－1　欧盟不同废弃物回收利用利用率（2015～2016 年）

再生原料对原材料需求的贡献度总体改善，但仍有待提高。总体看来，自 2004 年以来欧盟回收原料（recycled materials）对整体原材料需求的贡献不断改善，但回收原料仅能满足欧盟约 10% 的原材料需求。对于一些散装原材料，再生原料（secondary raw materials）满足原材料（如铜和镍）总需求的 30% 以上。然而，对于包括几乎所有关键原材料（critical raw materials）在内的大量原材料来说，回收原料对满足原材料需求的贡献仍然很小，甚至可以忽略不计。

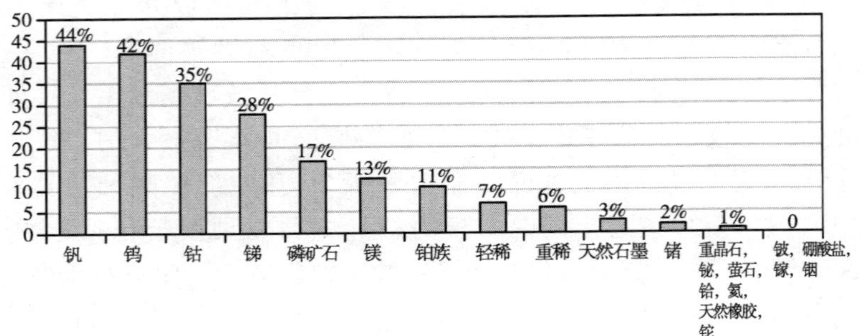

附图 3－2　回收利用对欧盟关键原材料需求的贡献度

（二）带动就业

欧盟循环经济监测框架表明，向循环经济转型有助于欧盟重新走上创造就业的道路。2016 年，与循环经济相关的行业雇用了超过 400 万工人，比 2012 年增加了 6%。未来几年必然会创造额外的工作岗位，以满足全面运作市场产生的预期需求用于再生原料。

（三）促进经济发展

循环经济开辟了新的商机，在国内和欧盟之外产生了新的商业模式并开辟了新的市场。2016 年，维修、再利用或回收等循环活动产生了近 1 470 亿欧元的增值，而价值约为 175 亿欧元。此外，可回收废物贸易指标显示，欧盟是几种主要可回收废物流的净出口国，如塑料、纸张和纸板、钢铁、铜，铝和镍。2004 年至 2016 年间，欧盟内塑料，纸张和纸板，铜、铝、镍和贵金属废物的贸易量大幅增加，使有关企业能够从再生原料市场中获益。

五、对我国的启示

通过总结欧盟循环经济发展经验可以看出，欧盟将发展循环经济作为推动经济转型、促进就业的重大战略。对比我国循环经济发展现状，我们应该保持战略定力，继续坚持不移地推动循环经济发展。在具体发展重点方面，工业领域一直是我国循环经济发展的重点，但仍然具有改进的空间；绿色消费和再生材料的使用在我国推动循环经济时有所涉及，需要进一步加强；一些领域如推动食物全产业链循环经济发展、生物质和生物基产品的回收利用等，尚未引起重视；三是欧盟推动循环经济发展十分重视调动利益相关者的积极性，值得我国借鉴；四是加强循环经济进展监测及发展成效评价，对于推动循环经济深入发展十分重要。

（一）保持战略定力，持续推动循环经济发展

从 20 世纪 70 年代至 2010 年，欧盟一直将废弃物管理作为发展循环经济的重点，废物处置的优先顺序为预防产生、再利用、再循环、能源回收、填埋。随着气候变化问题日益突出，在 2010 年欧盟发布的十年经济发展战略规划——“欧盟 2020 年战略”中，欧盟将发展低碳经济作为其加快经济改革、促进就业的重要抓手。提高资源效率成为欧盟应对气候变化、发展低碳经济的主要措施之一。2015 年在整合原有环境战略和资源战略的基础上，欧盟提出了“循环经济一揽子计划”，将循环经济作为欧洲改变当前占据主导地位的“获取—制造—消费—处置（take - make - consume - dispose）”线性经济发展模式的重要手段，循环经济成为欧盟推动经济发展转型、促进就业、增加欧盟可持续竞争力的重大战略。而我国 2005 年就出台了《国务院关于加快循环经济发展的若干意见》，2009 年开始实施《中华人民共和国循环经济促进法》，将发展循环经济上升为我国经济社会重大发展

战略，自“十一五”以来我国发展循环经济取得了显著成效，对促进我国工业绿色转型升级发挥了重要作用，有力地促进了资源节约和污染物减排，推动了我国经济发展方式转变。无论从国际绿色发展趋势，还是国内循环经济发展成效来看，“十四五”期间，我国都应该保持战略定力，坚持不懈持续推动循环经济发展，将发展循环经济作为推动绿色发展、建设生态文明、促进经济发展方式的重要抓手。

（二）借鉴欧盟经验，立足我国国情，明确我国“十四五”循环经济发展重点领域

欧盟早期发展循环经济以废物管理为主，2015 年出台的“循环经济一揽子计划”则覆盖了产品生产、消费、废弃物管理、变废物为资源等全生命周期，并且推动塑料、食物垃圾、关键原材料、建筑及拆除物、生物质和生物基产品等特定领域优先发展。对比我国发展循环经济现状，结合我国国情，建议“十四五”期间我国发展循环经济的重点包括：

1. 鉴于我国工业资源效率依然不高、污染物排放量仍然较大等现状，建议继续将工业领域作为我国发展循环经济的重中之重，提升重点行业资源效率。

欧盟在生产领域注重产品生态设计和工业共生，我国在生态设计方面已开展一些试点工作，但成效不是很明显，“十四五”期间有待加强，如出台我国的生态设计法规及指南等。此外，梳理我国产品相关政策，确保与循环经济发展要求一致十分必要。在工业共生方面，我国一直将园区循环化改造作为重要抓手，取得了显著成效，但近年来由于各种原因暂停了有关工作，建议“十四五”期间继续推动园区循环化改造工作，提升园区资源环境绩效。

2. 推动绿色消费，培育绿色生活方式。

绿色消费可以带动促进绿色生产，同时可以降低我国日益增

加的家庭生活垃圾产生量。在引导绿色消费方面，消费者获取绿色产品的信息渠道有限，我国绿色产品标志依然不完善，宣传和经济激励措施不到位。引导践行绿色生活方式，持续推动生活垃圾分类，出台配套政策，理顺有关利益分配机制。同时，在引导共享经济发展，推动从消费产品向消费服务转变方面，仍有较大提升空间。

3. 高度重视关键原材料回收利用。

根据欧盟的关键原材料清单（见附表 3 - 2），所谓关键原材料，就是指战略性资源，对经济发展具有重要影响且需要依赖进口，事关国家经济安全。实际上，根据欧盟的有关研究报告，中国是其战略性资源的主要出口国。近年来，我国对战略性资源较为重视，已经限制部分关键战略性资源出口，但对这些资源的循环利用重视程度不足。而我国发展循环经济，推动资源循环利用，大部分还处于较低层次的循环利用水平，尚未将发展循环经济作为提取和储备我国战略性资源的重要手段。根据欧盟《关键原材料与循环经济报告》，关键原材料主要来源于采矿（采矿废物）、垃圾填埋场、电气电子设备、电池、汽车零部件、可再生能源设备组件、国防工业装备、化学品和肥料。从上述产品及废物中，提取关键原材料仍存在诸多制约。我国也应开展相关研究工作，推动战略性资源循环利用，构筑我国资源安全保障体系。

4. 提升食物垃圾、建筑及拆除废物等回收利用水平。

“十二五”、“十三五”期间，我国开展了餐厨废弃物资源化及无害化处置城市试点，主要针对的是餐饮企业、单位食堂的餐厨废弃物，尚未包括家庭厨余垃圾，“十四五”期间结合全国生活垃圾分类工作，可以进一步完善相关工作。值得注意的是，欧盟的食物垃圾管理包含了食物供应链的上下游，包括食物生产、分配、储存及食物垃圾的处置等，涉及如何避免食物（粮食、食品）浪费、食物捐赠、食物垃圾生产饲料等方面，我国下一步也可以扩大餐厨废弃物资源化及无害化处置范畴，将食物管理扩展到避免食物浪费、食物垃圾减量、食物垃圾处置、食物垃圾生产的产品推广应用等全产业链条。我国建筑及拆除废物回收利用水平较低，大部分用于回填，小部分用于生产建材，尚有一部分处于无序管理状态，这方面的工作也有待加强。关于生物质和生物基产品的回收利用，我国“十三五”期间将农作物秸秆回收利用、生物质能源利用等作为重点，下一步除继续完善相关工作以外，可进一步推动木材、家具等回收利用。

（三）充分调动企业及社会公众积极参与循环经济发展

我国推动循环经济注重自上而下，中央政府和地方政府在发展循环经济中发挥着重要作用，而在调动利益相关者积极性方面还不足。通过资金支持、税收优惠、商业模式创新、最佳实践案例分享、表彰奖励等方式均可调动企业参与发展循环经济的积极性，其中在创新商业模式方面尤其需要加强，只有让发展循环经济的企业取得适当的经济收益才能确保循环经济持续发展下去。发展循环经济同样需要公众、行业协会、科研机构多方参与，这方面在“十四五”期间仍有待加强。

（四）加强循环经济发展成效评价

对循环经济发展成效进行评价一直是我国推动循环经济工作的重要方面，国家统计局会同国家发展改革委等部门先后发布了两版循环经济指标体系，以期能够定量横向循环经济成效。鉴于循环经济发展的复杂性，难以用一个单一指标进行衡量，“欧盟循环经济监测框架”包含十类指标，每类指标下含有若干二级指标，有些属于定量指标、有些属于定性指标。借鉴欧盟经验，我国循环经济发展指标可适当增加体现再生原料对原材料需求的贡献度的指标（如循环材料使用率，circular material use rate）、体现循环经济竞争力和创新的指标（如循环经济相关投资、专利数等）以及绿色公共采购等指标。

（五）加强物质流相关基础研究

与欧盟发展循环经济相比，我国发展循环经济的相关基础研究还显得十分薄弱，许多工作的推进建立在定性研究、经验积累的基础上，采取开展试点示范在逐步推开的方式。而欧盟在整体物质流、战略性资源的回收利用情况均进行了详细的研究。我国在这方面的差距十分明显，有必要加强相关基础研究，为下一步我国科学推动循环经济发展提供支撑。

参 考 文 献

一、英文部分

[1] European Commission. Closing the loop – An EU action plan for the Circular Economy [EB/OL]. https://ec.europa.eu/environment/circular – economy/index_en.htm, 2015 – 12 – 02.

[2] European Commission. on the implementation of the Circular Economy Action Plan [EB/OL]. https://ec.europa.eu/environment/circular – economy/index_en.htm, 2019 – 03 – 04.

[3] European Commission. Report on Critical Raw Materials and the Circular Economy [EB/OL]. https://ec.europa.eu/environment/circular – economy/index_en.htm, 2018 – 01 – 16.

[4] European Commission. A resource – efficient Europe – Flagship initiative under the Europe 2020 Strategy [EB/OL]. https://ec.europa.eu/transparency/regdoc/rep/1/2011/EN/1 – 2011 – 21 – EN – F1 – 1. Pdf, 2011 – 01 – 26.

[5] European Commission. Progress Report on the Roadmap to a Resource Efficient Europe [EB/OL]. 2014 – 09 – 25.

[6] EUROPEAN COMMISSION. on a monitoring framework for the circular economy [EB/OL]. https://ec.europa.eu/environment/circular – economy/index_en.htm, 2018 – 01 – 16.

[7] European Commission. Raw material score board [EB/OL]. https://publications.europa.eu/en/publication – detail/ – /

publication/1ee65e21 - 9ac4 - 11e6 - 868c - 01aa75ed71a1, 2016.

[8] European Commission. EU resource efficiency scoreboard2015 [EB/OL]. http: //ec. europa. eu/environment/resource_efficiency/targets_indicators/scoreboard/index_en. htm, 2016.

[9] Ministry of Environment of Japan. Fundamental Plan for Establishing a Sound Material - Cycle Society [EB/OL]. http: //www. env. go. jp/en/recycle/smcs/4th - f_Plan. pdf, 2018.

[10] Cote, et al. Eeo - industrial - parks [C]. International Society for Industrial Ecology Conference. Ann Arbor, Michigan: University of Michigan, 2003.

[11] David W., Pearce R., Kelly Turner. Economics of Natural Resources and the Environment [M]. Lonton: Harvester Wheatsheaf, 1990: 35 - 41.

[12] EI I., Okour Y., Son H. K., et al. Desalination plants in Australia, review and facts [J]. Desalination, 2009 (247): 1 - 4.

[13] Ellerman A. D., Jacoby H. D., Decaux A. The Effects on Developing Countries of the Kyoto Protocol and CO_2 Emission Trading [R]. MIT Global Change Joint Program Report No. 41, 1998.

[14] EPA. http: //www. epa. gov/climatechange/EPAactivities/economics/scc. html, 2013.

[15] European Commission, External costs research results on socio - environmental damages due to electricity and transport external cost [R], 2003.

[16] Fankhauser S. The Social Costs of Greenhouse Gas Emissions: An Expected Value Approach [J]. The Energy, 1994, 15 (2): 157 - 184.

[17] Frosch. R. A. toward the End of Waste: Reflections on a New Ecology of Industry [J]. Daedalus, 1996, 125: 3: 199 - 212.

[18] Fumihiko Kamio. Japan's strategy for global water business

to boost its growth – building a Japan – style export model combing economic cooperation and business [J]. NRI Paper, 2010 (158): 1 – 16.

[19] Heeres R. R., Vermeulen W., Dewalle F. Eco – industrial park initiatives in the USA and the Netherlands: first lessons [J]. Journal of Cleaner Production, 2004, 12: 985 – 995.

[20] J. Dupuit. On the Measurement of the utility of public works. 1884, Translated from French. In: international Economic Papers. London, 1952.

[21] J. R. Hicks. The Foundation of Welfare Economics. Economic Journal, 1939.

[22] Kenneth E. Boulding. The Economics of the Coming Spaceship Earth. In H. Jarrett (ed.): Environmental Quality in a Growing Economy [m]. Baltimore: Johns Hopkins University Press, 1966.

[23] Kypreos S. and Krakowski R. An Assessment of the Power – Generation Sector of China, Paul Scherrer Institute, Switzerland, 2005.

[24] N. Kaldor. Welfare Propositions and Interpersonal Comparisons of Utility. Economic Journal, 1939.

[25] Nordhaus W. D. Economic aspects of global warming in a post – Copenhagen environment, PNAS [J]. 2010, 107 (26).

[26] Pierre D. Industrial symbiosis: the case for market coordination [J]. Journal of Cleaner Production, 2004, 12: 1099 – 1110.

[27] Schlarb M. Eco – industrial Development: A Strategy for Building Sustainable Communities Economic [C]. Development Adiminstration, 2001.

[28] Stern N. The Economics of Climate Change: The Stern Review. Cambridge: Cambridge University Press, 2007.

[29] Tulpule V., Brown S., Lim J., Polidano C., Pant H., Fisher B. S. An economic assessment of the Kyoto Protocol using the

Global Trade and Environment Model. 27th Conference of Economists, Economic Society of Australia, University of Sydney, 28 September to 1, October, 1998.

[30] U. S. EPA. an Introduction to Environmental Accounting as a business Management Tool: Key Concepts and Terms [R]. 1995.

[31] United Nations. Integrated Environmental and Economic Accounting [R], 1993.

[32] Water Corporation of Western Australia. Perth seawater desalination Plant water quality monitoring programmer baseline component [R], 2008.

[33] Zhang Z. X. Integrated Economy - Energy - Environment Policy Analysis: A Case Study for the People's Republic of China [D]. Netherlands: Landbouw Universiteit, 1996.

二、中文部分

[1] 曾凡银. 绿色发展：国际经验与中国选择 [J]. 国外理论动态，2018 (8).

[2] 李慧明. 巴黎之后：全球绿色发展潮流与中国的生态现代化战略 [J]. 科学与现代化，2016 (4).

[3] 刘学谦，金英淑. 借鉴国际经验 促进绿色发展 [N]. 经济日报，2012-05-04 (15).

[4] 朱留财，杜譞. 全球绿色发展的现状与展望 [J]. 环境保护，2011 (19).

[5] 张梅. 绿色发展：全球态势与中国出路 [J]. 国际问题研究，2013 (5).

[6] 杭正芳，徐波. 日本《第4次循环型社会形成推进基本计划》概览 [J]. 世界环境，2019 (1).

[7] 杭正芳，徐波. 日本循环型社会建设路径及对中国的启示 [J]. 经济研究参考，2019 (7).

[8] 康艳兵，谭琦璐，廖虹云. 日本循环型社会建设经验及

对我国的启示［R］，2019.

［9］诸大建．最近10年国外循环经济进展及对中国深化发展的启示［J］．中国人口、资源与环境，2017，27（8）．

［10］张越，唐旭．欧盟循环经济新战略及其对中国的启示［J］．教学与研究，2017（10）．

［11］陈俊荣．从“欧盟2020战略”看欧洲低碳经济发展［J］．环境保护，2011（2）．

［12］欧洲循环经济报告分析：循环利用带来经济效益［J］．中国资源综合用，2016（8）．

［13］彭峰，陈思琦．欧盟“循环经济”立法：起源、概念与演进［J］．上海政法学院学报（法制论丛），2017（11）．

［14］杨春平．发展循环经济是实现可持续发展的基本途径［J］．可持续发展经济导刊，2019（9）：28－29．

［15］［英］PeterLacy，［瑞典］JakobRutqvist．变废为宝：创造循环经济优势［M］．卜荣露，王景丽．上海：上海交通大学出版社，2015.

［16］朱黎阳．国家“城市矿产”示范基地之我见（下）［J］．资源再生，2019（9）：18－21．

［17］巴曙松，吴大义．能源消费、二氧化碳排放与经济增长——基于二氧化碳减排成本的实证分析［J］．经济与管理研究，2010（6）：5－11．

［18］白绍桐，范晓鹏．发电及海水淡化项目——循环经济模式联合建设的可行性研究［J］．华电技术，2009，31（12）：66－67．

［19］北京市自来水集团．城市供水企业成本费用表．（2014－03－18），http：//www.bjwatergroup.com.cn/352/2014_3_18/352_6961_1395135922284.html.

［20］仓萍萍，杨德利．环境成本核算研究综述［J］．财会通讯·学术，2008（6）：120.

［21］曹雅，汲奕君，朱坦等．环渤海地区非常规水资源利用现状及保障对策［J］．生态经济，2013（4）：174－177.

［22］陈瑾瑜，王朝全．博弈论在构建生态产业链中的应用分析［J］．生态经济，2007（10）：87－90.

［23］陈雷．在传达贯彻全国节能减排工作电视电话会议精神部务（扩大）会议上的讲话［EB/OL］．http：//www.mwr.gov.cn/slzx/slyw/201110/t20111010_306350.html.

［24］陈亮．环境成本计量方法综述［J］．财会通讯．综合（上），2009（6）：134－135.

［25］陈诗一．工业二氧化碳的影子价格：参数化和非参数化方法［J］．世界经济，2010（8）：93－109.

［26］陈世元．煤炭企业环境成本的确认及应用研究［D］．呼和浩特：内蒙古大学，2009.

［27］陈湘静．如何做到皆大欢喜的——一个澳大利亚海水淡化项目落户社区的启示［N］．中国环境报，2013－1－11（6）.

［28］陈勇．基于循环经济的企业与政府行为模式研究［J］．经济体制改革，2010（2）：51－54.

［29］陈勇鸣．循环经济与城市生活垃圾处置［J］．上海企业，2005（3）：6.

［30］陈毓圭．环境会计和报告的第一份国际指南——联合国国际会计和报告标准政府间专家工作组第15次会议记述［J］．会计研究，1998（5）：4－8.

［31］程芳，朱学义．价值链视角下环境成本探析［J］．财会月刊（理论），2006（11）：46－47.

［32］程海燕，栾维新等．我国海水淡化产业化的机理研究［J］．生态经济，2008（2）：136－140.

［33］程海燕．我国海水淡化产业化的机理研究［D］．大连：辽宁师范大学，2008.

[34] 戴富林，戴健．海水淡化用蝶阀的结构设计及材料选用 [J]．阀门，2009 (4)：2.

[35] 邓南圣，吴峰主编．工业生态学 [M]．北京：化学工业出版社，2005.

[36] 丁淑英．电力生产成本计算研究 [D]．杭州：浙江大学，2006.

[37] 丁婷．天津地区反渗透海水淡化成本分析 [D]．天津：天津大学，2009：43.

[38] 段焕强，谈探．中国海水淡化产业现状与趋势 [J]．水工业市场，2012 (3)：29 – 33.

[39] 段宁，邓华，乔琦．我国生态工业园区稳定性的调研报告 [J]．环境保护，2005 (12)：66 – 69.

[40] 冯俊举，王绪书，翟拥军．海水淡化与制盐联产方式的研究 [J]．海湖盐与化工，2005，34 (5)：4 – 6.

[41] 冯逸仙．海水淡化的技术方向及经济性 [J]．水处理技术，2010，36 (9)：1 – 5.

[42] 冯之浚，刘燕华等．我国循环经济生态工业园发展模式研究 [J]．中国软科学，2008，(4)：1 – 10.

[43] 傅加骥，仝允桓．工业技术经济学 [M]．北京：清华大学出版社，1996.

[44] 高鹏飞，陈文颖，何建坤．中国的二氧化碳边际减排成本 [J]．清华大学学报（自然科学版），2004，44 (9)：1192 – 1195.

[45] 郭道扬．绿色成本控制初探 [J]．财会月刊，1997 (5)：3 – 7.

[46] 郭永清．美国政府推动新兴产业发展的机制研究——以海水淡化产业发展为例 [J]．海洋经济，2012，2 (6)：56 – 60.

[47] 郭永清．日本海水淡化产业政策对中国的启示 [J]．海洋经济，2013，3 (3)：59 – 63.

[48] 国际环保组织绿色和平．煤炭的真实成本——2010 中

国粉煤灰调查报告［R］，2010.

［49］国家发展改革委，国家海洋局，财政部．海水利用专项规划，2005.

［50］国家发展改革委，国家环保总局，国家统计局．循环经济评价指标体系［EB/OL］．（2007－06－27），http：//hzs. ndrc. gov. cn/newfzxhjj/zcfg/t20070814_235955. htm.

［51］国家发展改革委，建设部．建设项目经济评级方法与参数（第3版）［M］. 北京：中国计划出版社，2006.

［52］国家发展改革委．关于印发“十二五”资源综合利用指导意见和大宗固体废物综合利用实施方案的通知［EB/OL］.（2011－12－10）. http：//www. sdpc. gov. cn/zcfb/zcfbtz/2011tz/t20111229_453571. htm.

［53］国家发展改革委．海水淡化产业发展“十二五”规划，2012.

［54］国家发展改革委宏观经济研究院课题组．加快海水利用步伐，发展海水淡化产业——对天津市和山东省有关情况的调研报告［J］. 宏观经济研究，2004（9）：37－41.

［55］国家发展改革委环资司．国外海水淡化发展现状、趋势及启示［J］. 中国经贸导刊，2006（12）：34－35.

［56］国务院办公厅．关于加快发展海水淡化产业的意见，2012.

［57］韩亦方．水价——南水北调工程的经济杠杆韩亦方［J］. 南水北调与水利科技，2003，1（12）：34－35.

［58］郝艳萍．山东海水淡化与跨流域调水工程之比较［J］. 海洋开发与管理，2005（1）：107－110.

［59］何谦，张庆源，谢晓冬．南水北调投资重估，北京水价上涨预期增强［N］. 经济观察报，2006－2－27（10）.

［60］侯玲．基于费用效益分析的绿色建筑的评价研究［D］. 西安：西安建筑科技大学，2006.

[61] 环境保护部．中国环境状况公报（2011－2012年），http：//jcs. mep. gov. cn/hjzl/zkgb/.

[62] 黄河，谢文静．海水淡化工程与调水工程比较分析[R]. 水利部发展研究中心《参阅报告》之三，2003. 5.

[63] 黄渝祥，刘俊．政策法规的选择与评价方法——20世纪90年代以来的费用—效益分析[J]. 当代财经，2005（8）：52－55.

[64] 姬鹏程，孙长学．流域水污染防治体制机制研究[M]. 北京：知识产权出版社，2009.

[65] 蒋国俊，蒋明新．产业链理论及其稳定机制研究[J]. 重庆大学学报（社会科学版），2004（1）：36－38.

[66] 蒋洪强，徐玖平．环境成本核算研究的进展[J]. 生态环境，2004，13（3）：429－433.

[67] 解振华．加快推进海水淡化产业快速健康发展[J]. 中国经贸导刊，2012（7）：5－9.

[68] 金春华，邵奎兴等．海水淡化利用环境影响对策分析[J]. 水处理技术，2008，34（10）：6－9.

[69] 金世华，张世伟等．循环经济模式对海水淡化利用经济性的影响[J]. 水利经济，2009，27（1）：47－49.

[70] 金书秦，宋国君．环境政策的费用效益分析初探[J]. 环境与可持续发展，2010（6）：1－4.

[71] 金婷．发电企业环保工程费用效益分析[D]. 南京：南京理工大学，2008.

[72] 科技部，国家发展改革委．海水淡化科技发展十二五专项规划，2012.

[73] 李碧宏．产业集聚与增长极的形成[D]. 重庆：西南大学，2012.

[74] 李璨．天津滨海新区再生水利用及市场化研究[D]. 天津：天津理工大学，2010.

［75］李春丽，别君霞．引滦入津供水工程建设与效益［J］．四川水利，2009（5）：37－40.

［76］李芬芳，郭汉丁．废旧电器回收企业循环经济评价指标体系构建［J］．中国资源综合利用，2008（11）：6－9.

［77］李红祥，王金南等．中国“十一五”期间污染减排费用－效益分析［J］．环境科学学报，2013，33（8）：2270－2276.

［78］李琦．海水淡化——沿海城市水资源可持续发展的重要策略［J］．科学管理研究，2010，28（1）：60.

［79］李伟．我国循环经济的发展模式研究［D］．西安：西北大学，2009.

［80］李向华．绿色建筑的经济性分析［D］．重庆：重庆大学，2007.

［81］李岩．循环经济下企业生产行为方式转化的动力相关性研究［J］．环境保护，2009，（8）：24－26.

［82］李艳双，于树江，王军花．生态产业链稳定性因素分析及管理对策研究［J］．河北工业大学学报，2008（10）：48－50.

［83］厉以宁，章铮．费用效益分析——环境经济分析的基本方法［J］．环境保护，1992（7）：25－27.

［84］林斯清，于品早．海水淡化与远程引水［J］．水处理技术，2002，28（4）：187－189.

［85］林香红，周怡圃．海洋循环经济节能减排评价方法与实证分析——以北疆电厂循环经济项目为例［J］．海洋经济，2012，2（1）：27－32.

［86］刘炳伟，刘伟杰．火电厂海水淡化工艺的技术经济分析及选择［J］．工业安全与环保，2010，36（2）：24－26.

［87］刘冬林，王海峰等．进一步发展海水淡化产业的制约因素和对策建议［J］．水利发展研究，2012（4）：20－23.

［88］刘国才，王松江．论循环经济与项目效益评估指标体系的变革［J］．商场现代化，2006 年 1 月（上旬刊）：53－54.

[89] 刘浩，王青等．基于能值分析的区域循环经济研究——以辽宁省为例［J］．资源科学，2008（2）：192－198.

[90] 刘洪滨．我国海水淡化和海水直接利用事业前景分析［J］．海洋技术，1995，14（4）：73－78.

[91] 刘鸿亮．环境费用效益分析方法及实例［M］．北京：中国环境科学出版社，1988.

[92] 刘季江，蒋苏红．费用效益分析法在火电厂脱硫工程经济评价中的应用［J］．电力环境保护，2006，22（4）：41－44.

[93] 刘雷．基于循环经济的产业链可持续发展能力评价［J］．山东建筑大学学报，2012，27（1）：88－91.

[94] 刘丽霞．基于费用效益法的绿色建筑节能措施之经济评价研究［D］．南昌：江西理工大学，2007.

[95] 刘巧红．天津滨海新区海水淡化水的优化配置研究［D］．天津：天津大学，2009：55－56.

[96] 刘伟忠，刘帅．天津市非常规水资源开发利用研究［J］．地下水，2008，30（5）：75－77.

[97] 刘晓华，沈胜强．水电联产低温多效蒸发海水淡化系统优化研究［J］．大连理工大学学报，2012，52（4）：495－496.

[98] 陆钟武．工业生态学基础［M］．北京：科学出版社出版，2010.

[99] 吕金燕，朱思诚．日本海中道奈多海水淡化对我国的借鉴和思考［J］．水处理技术，2013，39（6）：6－8.

[100] 罗俊霞，李忠斌．传统经济与循环经济条件下企业行为选择［J］．中南民族大学学报（自然科学版），2005，（3）：110－112.

[101] 罗霞．天津市滨海新区的海水淡化与综合利用［J］．水工业市场，2010（2）：38－40.

[102] 马国霞，赵学涛等．“十一五”期间贵州省大气污染减排绩效评估［J］．长江流域资源与环境，2012，12（4）：506－511.

［103］马凯．贯彻和落实科学发展观大力推进循环经济发展——在全国循环经济工作会议上的讲话（2004－09－28）．http：//www. sdpc. gov. cn/hjbh/fzxhjj/t20050914_45796. htm.

［104］马学虎，兰忠等．海水淡化浓海水排放对环境的影响与零排放技术研究进展［J］．化工进展，2011，30（1）：233－241.

［105］马中．环境与自然资源经济学概论（第二版）［M］．北京：高等教育出版社，2006.

［106］毛显强，彭应登等．国内大城市煤改气工程的费用—效益分析［J］．环境科学，2002，23（5）：121－125.

［107］美上调碳排放社会成本指数指数合理性引发争议［N］．中国环境报，2013－9－3（5）.

［108］孟凡利．加拿大特许会计师协会在环境会计与审计方面的努力及成果［J］．广西会计，1997（10）：40－42.

［109］齐振宏，王培成．基于循环经济的生态产业链共生耦合研究理论述评［J］．生态经济（学术版），2009（2）：185－188.

［110］秦长海，裴源生，张小娟．南水北调东线和中线受水区水价测算方法及实践［J］．水利经济，2010，28，（5）：33－37.

［111］曲向荣．产业生态学［M］．北京：清华大学出版社，2012.

［112］屈涵．天津市滨海新区海水淡化利用产业发展战略分析［D］．天津：南开大学，2009：37－39.

［113］任勇，周国梅，李丽萍等．环境政策的经济分析：案例研究与防范指南［M］．北京：中国环境科学出版社，2011.

［114］阮国岭，尹建华，赵河立等．海水淡化技术国内进展及其在循环经济中的应用［J］，水工业市场，2007（3）：33－35.

［115］沈金生．企业循环经济利益实现风险分析与应对［J］．东岳论丛，2010，31（7）：43－47.

［116］水利部．中国水资源公报（1997－2011），http：//www. mwr. gov. cn/zwzc/hygb/szygb/.

[117] 宋维玲．解读“十二五”时期海水淡化产业发展难题——以天津市为例［J］．海洋经济，2012，2（4）：30－33.

[118] 苏伦·埃尔克曼．工业生态学［M］．北京：经济日报出版社，1999.

[119] 孙静．北京市非传统水资源利用潜力及效益综合评价研究［D］．北京：中国水利水电科学研究院，2007.

[120] 孙启鹏，王帅．基于低碳经济的道路运输企业循环经济评价与发展对策研究［J］．科技管理研究，2011（2）：138－141.

[121] 汤纪忠．滨海地区电厂的海水淡化技术．1996，29（1）：28－31.

[122] 汤姆．泰坦伯格．环境与自然资源经济学［M］．严旭阳等译．北京：高等教育出版社，2006.

[123] 田里，王永庆．核能海水淡化的经济竞争性比较研究［J］．核动力工程，2001，22（6）：554－557.

[124] 童金忠．海水淡化现状分析及投融资模式创新机制探讨［J］．水工业市场，2011（2）：23－27.

[125] 王冠军，刘昌明．南水北调东中线一期工程及受水区水价政策探讨［J］．北京师范大学学报（自然科学版），2009（5）：590－593.

[126] 王洁．产业集聚理论与应用的研究——创意产业集聚影响因素的研究［D］．上海：同济大学，2007.

[127] 王金南，葛察忠等．中国独立型环境税方案设计研究［J］．中国人口、资源与环境，2009，19（2）：69－72.

[128] 王金南，杨金田等．中国排污收费标准体系的改革设计［J］．环境科学研究，1998，11（5）：1－6.

[129] 王晶．循环经济条件下企业行为最优化的经济学分析［J］．经济经纬，2010（1）：93－96.

[130] 王静，刘淑静等．澳大利亚海水淡化对我国的借鉴研究［J］．海洋信息，2013（1）：55－58.

［131］王俊红，高乃云．海水淡化的发展及应用［J］．工业水处理，2008，28（5）：6－9.

［132］王立林，王鸿雁，齐德海等．引滦入津工程水资现状分析及解决措施［J］．海河水利，2008（5）：9－10.

［133］王立彦．环境成本核算与环境会计体系［J］．经济科学，1998（6）：53－63.

［134］王灵梅，张金屯．生态学理论在生态工业发展中的应用［J］．环境保护，2003（7）：57－60.

［135］王圣云，宋欣茹等．大连发展海水淡化产业SWOT分析及对策［J］．海洋开发与管理，2005（4）：100－103.

［136］王世昌．发展海水淡化的制约因素及政策［J］．水工业市场，2007（12）：26－30.

［137］王效琴，杜芙．基于环境成本的规模化养猪场费用效益分析［J］．西北农林科技大学学报（自然科学版），2011，39（4）：171－176.

［138］王玉庆．建立反映环境成本和可持续发展的资源价格体系［J］．环境保护，2005（11）：13－16.

［139］王兆华，武春友．基于工业生态学的工业共生模式比较研究［J］．科学学与科学技术管理，2002（2）：29－34.

［140］王兆华，尹建华等．生态工业园中生态产业链结构模型研究［J］．中国软科学，2003（10）：149－152.

［141］王兆华．生态工业园工业共生网络研究［D］．大连：大连理工大学，2003.

［142］魏学好，周浩．中国火力发电行业减排污染物的环境价值标准估算［J］．环境科学研究，2003，16（1）：53－56.

［143］国家发展和改革委员会宏观经济研究院我国循环经济发展战略研究课题组．我国循环经济发展战略［M］．北京：高等教育出版社，2005.

［144］吴迪．产业集聚与区域竞争力的关系研究［D］．大

连：东北财经大学，2008.

[145] 吴强．矿产资源开发环境代价及实证研究 [D]. 北京：中国地质大学，2008.

[146] 吴水波，苏立永等．海水淡化生命周期碳足迹评估及减排策略研究 [J]. 生态经济，2012 (12)：25-26，40.

[147] 吴泽宁，董淼蕾，郭瑞丽等．南水北调干线口门两部制水价测算及其影响因素分析 [J]. 南水北调与水利科技，2013 (6)：25-27.

[148] 武春友，邓华等．产业生态系统稳定性研究述评 [J]. 中国人口资源与环境，2005，15 (5)：20-24.

[149] 相凤奎，刘昌岭等．海水淡化工程技术研究进展 [J]. 给水排水，2011，37 (增刊)：35-38.

[150] 肖序，湛晔林．以价值流分析为基础建立企业循环经济评价指标体系 [J]. 科技情报开发与经济，2007，17 (35)：122-124.

[151] 肖忠东，孙林岩，昌坚．经济系统与生态系统的比较研究 [J]. 管理工程学报，2003，17 (4)：23-27.

[152] 邢立谦，陈延辉．“发电—海水淡化—制盐及盐化工”技术发展展望 [J]. 盐业与化工，2012，41 (3)：1-3.

[153] 徐鹤．南水北调工程受水区多水源水价研究——以北京市为例 [D]. 北京：中国水利水电科学研究院，2013.

[154] 徐君．基于模糊神经网络的煤炭企业循环经济评价模型 [J]. 资源开发与市场，2011 (3)：205-209.

[155] 许树辉．循环经济模式的企业利益博弈与行为激励 [J]. 工业安全与环保，2010，36 (10)：56-58.

[156] 杨尚宝．关于我国海水淡化产业发展的几点看法 [J]. 水处理技术，2010，36 (7)：1-5.

[157] 杨尚宝．关于我国海水淡化产业发展规划的研究 [J]. 水处理技术，2012，38 (12)：1-5.

[158] 杨尚宝. 关于我国海水利用产业发展的政策思考 [J]. 宏观经济研究, 2006 (12): 40 - 44.

[159] 杨尚宝. 我国海水淡化产业发展战略探析 [J]. 宏观经济管理, 2012 (1): 32 - 34.

[160] 杨尚宝. 中国海水淡化年鉴 (2010) [M]. 北京: 海洋科学出版社, 2012.

[161] 杨雪峰. 循环经济产业链的稳定性研究 [J]. 发展纵横, 2008, (2): 32 - 35.

[162] 杨耀中. 海水资源综合利用及产业化 [J]. 海洋技术, 1995, 14 (1): 18 - 24.

[163] 于海森, 李长如等. 海洋主要产业循环经济模式应用与推广研究——以天津北疆发电厂循环经济项目为例 [J]. 海洋经济, 2011, 1 (2): 46 - 51.

[164] 张迪, 张象枢等. 企业发展循环经济的行为分析模型研究 [J]. 生态经济, 2009 (6): 28 - 32.

[165] 张兰生等. 实用环境经济学 [M]. 北京: 清华大学出版社, 1992.

[166] 张胜寒, 张彩庆等. 电厂湿法烟气脱硫系统费用效益分析 [J]. 华东电力, 2011, 39 (2): 195 - 197.

[167] 张彤炬, 傅大放. 公路环境影响评价中方案比选的费用效益分析方法 [J]. 公路交通科技, 2007, 24 (4): 155 - 158.

[168] 张欣, 彭新德, 董树果. 南水北调天津干线工程水价分析研究 [J]. 海河水利, 2005 (1): 59 - 61.

[179] 张颖. 美国西部最大海水淡化项目惹争议 [N]. 中国海洋报, 2010 - 1 - 8 (4).

[170] 赵峰, 基于循环经济的企业行为转变的动力学研究 [J]. 贵州社会科学, 2007 (8): 102 - 105.

[171] 赵学涛, 於方, 马国霞等. 战略环评和费用效益分析方法在环境规划中的应用 [M]. 北京: 中国环境科学出版

社，2012.

[172] 赵喆．基于全寿命周期的绿色建筑经济评价体系[D]．北京：北京交通大学，2010.

[173] 郑连革，盛来芳．海水淡化产业发展之国外经验[J]．浙江经济，2013（12）：35.

[174] 中国电力企业联合会，美国环保协会．中国电力减排研究2013，（2013－12－28）. http：//safety. gasshow. com/News_20131228/348545. html.

[175] 周潮哄，韩旭，朱金亮等．滨海新区海水淡化特点及综合利用[J]．海河水利，2012（4）：18－19.

[176] 周宏春，刘燕华等．循环经济学[M]．北京：中国发展出版社，2005.

[177] 周颖．环境规划中的费用效益分析[D]．北京：中国环境科学研究院，2004.

[178] [美]哈弗斯密特（Hufeshmidt，M. M.）等著．环境、自然系统和发展经济评价指南[M]．过孝民等译．北京：烃加工出版社，1988.

[179] [美] John V. Krutilla，Anthony C. Fisher. 自然环境经济学——商品性和舒适性资源价值研究[M]．汤川龙等译．北京：中国展望出版社，1989.

[180] [美] Kneese. 环境保护的费用—效益分析[M]．章子中，王燕清译．北京：中国展望出版社，1989.

[181] [美] T. E. Graedel，B. R. Allenby. 产业生态学[M]．施函译．北京：清华大学出版社，2004.